Josef Chavanne

Reiseerinnerungen eines Ruhelosen

Skizzen aus Afrika und Amerika

Josef Chavanne

Reiseerinnerungen eines Ruhelosen
Skizzen aus Afrika und Amerika

ISBN/EAN: 9783744634366

Hergestellt in Europa, USA, Kanada, Australien, Japan

Cover: Foto ©Andreas Hilbeck / pixelio.de

Weitere Bücher finden Sie auf **www.hansebooks.com**

Reise-Erinnerungen

eines Ruhelosen.

Skizzen aus Afrika und Amerika

von

J. Cornelius.

—◆◆◆—

Wien.

Druck und Commissionsverlag von Carl Gerold's Sohn.

1872.

Vorwort.

In den vorliegenden „Reiseerinnerungen eines Ruhelosen" übergebe ich den geehrten Lesern keineswegs eine eingehende und ausgeschmückte Beschreibung einer Reise um die Welt oder einen phantasiereichen Roman, der sich in den tropischen und subtropischen Regionen Amerikas und Afrikas abspielt, sondern eine schlichte, wahrheitsgetreue und schmucklose Schilderung meiner Erlebnisse während eines mehrjährigen Aufenthaltes in diesen zwei Erdtheilen.

Sehr vieles Wissenswerthe über Land und Leute findet in diesen Blättern keine Erwähnung, eben deßhalb beanspruchen diese losen Skizzen keinen absoluten Werth.

Der geehrte Leser möge bei Durchsicht dieser Reise- erinnerungen dem Umstande Rechnung tragen, daß diese Reise vom Verfasser im Alter von 18 Jahren unter- nommen wurde, unter Verhältnissen, welche Wenigen glaublich erscheinen dürften.

Schon in früher Jugend von einem unerklärlichen Wandertriebe beseelt, führte dieser Drang den Schreiber dieser Zeilen in das tolle Getriebe der Welt, um ihn mehrere Jahre hindurch ruhe- und rastlos von Land zu Land, von Meer zu Meer zu jagen und unter den mannigfaltigsten Situationen und Lebensverhältnissen Freud und Leid des Reiselebens kosten zu lassen.

Nur in flüchtigen Momenten und nicht zu häufig war es dem Schreiber dieser Zeilen gestattet, kurze Notizen über das Gesehene und Erlebte zu machen, mit Ruhe und gesammeltem Geiste nie. Der Kampf ums Dasein, er nahm zuweilen alle Kräfte in Anspruch und ließ keine Muße zu beschaulichen Betrachtungen. Möge der geehrte Leser darauf Rücksicht nehmen und den Reiseerinnerungen eines Ruhelosen Nachsicht angedeihen lassen.

Wien, am 1. Februar 1872.

Der Verfasser.

Reisebilder aus der algerischen Sahara.

Wohl Wenigen wird bei der Erinnernng an das Lied: „Welche Lust gewährt das Reisen" der Gedanke an die Sahara auftauchen; denn wäre es so und ist die Vorstellung der Unannehmlichkeiten einer Wüsten= reise eine richtige, so müßte er die Richtigkeit dieser Worte entschieden in Abrede stellen. Niemand wird leugnen, daß eine Reise durch's Berner Oberland oder auf dem Verdecke eines Rheindampfers von Mannheim bis Cöln zu den größten Genüssen eines Erdenpilgers zählen; wie angenehm und glatt verläuft nicht eine Reise ins wildromantische Taminathal nach Pfäffers oder in den Seengürtel der Algäueralpen, an den rei= zenden Gestaden des Leman oder der oberitalienischen Seen, wo abgesehen von den auf Weg und Steg herum= bummelnden Lord's und Master's, Lady's und Miß's von dies= und jenseits der Atlantis, die alljährlich eine höchst monotone und langweilige Staffage zur wahr= haft schönen Landschaft abgeben und einem mitunter alle Lust und Liebe zum Touristenstande verleiden, alles zur Wiederkehr im nächsten Jahre einladet, und Men= schen aus von der Natur stiefmütterlich behandelten Gegenden zu sich lockt.

Wie harmlos (für den Geldsäckel des Touristen schon minder) gestaltet sich nicht ein Ausflug zu den Pyramiden, Königsgräbern und Sphinx von Gizeh, gar wenn man das für Staubgeborne nicht zu häufige Glück und die Auszeichnung genießt, als Gast des generösen Khedive im Lande der Kopten und Hieroglyphen zu weilen;

1

wie ganz und gar ungefährlich ist es, sich von zahmen, durch beinahe unerschwingliche, mit aller Härte einge= triebene Steuern und im Falle der Weigerung ihrer pünktlichen Leistung, durch unmäßige Prügeltrachten kirre gemachten Arabern oder Fellahs auf die Höhe der Pyra= miden bugsiren zu lassen. Sie, deren Glaubensbrüder in der Wüste, in etwas mehr als imperativer Weise, den Reisenden um gefällige Herausgabe seiner Habe auf= fordern, schnappen hier in Demuth zusammen, wenn ein blinkendes Goldstück ihre kleine Mühe lohnt.

Ein Leichtes ist es, sich in der bequemen Kajüte eines Dampfers der Messagerie impériales oder des Norddeutschen Lloyd der Gunst und Ungunst des tücki= schen Elementes anzuvertrauen, und in kurzer Zeit mehr als den halben Umfang des Erdballs zu durchmessen, oder mit Empfehlungsbriefen an alle möglichen Behör= den und einflußreichen Personen, mit reichen Mitteln und allem erdenklichen Comfort ausgerüstet, eine Reise in irgend einen bekannteren Theil der alten und neuen Welt zu unternehmen.

Im Bewußtsein und Gefühle der Sicherheit, im Kreise seiner Angehörigen, im traulichen Stübchen läßt sich eine Reise durch die Wüste leicht lesen, ja der Leser ist gern geneigt, die Schilderung der Müh= und Drang= sale, der Gefahren einer solchen für übertrieben zu halten, und mag auch in manchen Fällen Recht haben; doch sehr häufig stellt er sich die Sache sehr leicht vor, während in der Wirklichkeit eine Wüstenreise für einen Europäer ein Beginnen ist, wobei er stets auf den Tod in der schrecklichsten Gestalt gefaßt sein muß.

Es mag sich der Leser in die Lage versetzen, in der ich mich befand, und er wird es begreifen, was es da heiße, Hunderte von Meilen, den Seinen entrückt, fern dem Sitze civilisirter Menschen, neun Monate hin= durch unter räuberischen, wortbrüchigen Horden zu wan= deln, als Christ dem glühenden Hasse, dem Fanatismus

eingefleischter Christenfeinde, ihren Launen, ihrer Hab=
gier preisgegeben zu sein, ohne jeglichen Schutz, ohne
Abwehr, ohne Aussicht auf Hilfe sich alle erdenklichen
Chicanen und Quälereien schurkischer Araber gefallen
lassen zu müssen. Ich überlasse es gerne Jedem, die
Annehmlichkeiten und Freuden einer solchen Reise zu
verkosten.

Ich will nun in kurzen Zügen, ohne die Geduld
der geehrten Leser auf die Probe stellen zu wollen, eine
Schilderung meiner Reise in der algerischen Sahara hier
geben.

Einen größeren Contrast konnte ich mir wohl nicht
denken, als jenen meiner Gefühle, als ich voll der Ein=
drücke noch, welche die Majestät und Pracht, Ueppigkeit
und Mannigfaltigkeit der tropischen Landschaften Central=
amerikas und Westindiens auf mein ganzes Wesen aus=
übten, von Chagres kommend, nach 54tägiger Fahrt
über den Ocean, die kahle, steile, öde Felsenküste Afrikas
bei Tandscha (Tanger) erblickte. Der erste Eindruck
dieses Landes war so deprimirend auf meine Willens=
kraft, daß ich trotz meines langgehegten Wunsches, die
Wüste Sahara, jene große, eigenthümliche, in geheimniß=
volles Dunkel gehüllte Ländermasse kennen zu lernen,
schon am nächsten Tage wieder unter Segel gehen
wollte. Ein kaltes Bad für einen in Schweiß Gebade=
ten konnte nicht abschreckender und unerquicklicher sein.

Indessen, meinem Vorsatze untreu werden und
hier an der Pforte der Wüste umzukehren, wäre ein
wenig schmählich gewesen und hätte auf den Muth und
die Willensstärke eines Trappers der Prairien von Ar=
kansas ein verdächtiges Streiflicht geworfen, darum
dachte ich mir: „Frisch gewagt ist halb gewonnen",
sagt ein altes Sprichwort, und ich wagte es.

Nachdem ich in Tanger ans Land gestiegen, suchte
ich den Chef eines mir in Havannah empfohlenen Handels=
hauses auf und hoffte durch seine Vermittlung den An=

schluß an eine ins Innere abgehende Caravane erreichen
zu können. Zu meinem Leidwesen (momentan freute ich
mich darüber) erfuhr ich den vor einigen Tagen erfolg=
ten Abgang einer solchen nach der Oase Tafilet. Auf den
Abgang einer zweiten zu warten, schien mir zu viel Zeit
zu beanspruchen und einigermaßen mißlich; überdies war
ein längerer Aufenthalt in dem schmutzigen, krummgassigen
Tanger mit seiner wo möglich noch schmutzigeren Juden=
bevölkerung nicht zu den unabweislichen Vergnügungen
dieses Lebens zu zählen.

Das in zwei Tagen abgehende Barkschiff des mir
schon bekannten Rheders riß mich aus meiner Verlegen=
heit und brachte mich in der Folge nach dreitägiger Fahrt
nach Oran.

Es war nun mein Streben, hier den Anschluß an
eine nach dem Innern abgehenden Caravane zu erreichen;
in meinen diesfälligen ernsten Bemühungen wurde ich
von dem überaus freundlichen spanischen Consul H. T.
wirksam unterstützt; unsern vereinten Bestrebungen ge=
lang es, mich einer nach Gurara (im Süden der al=
gerischen Sahara) abgehenden Caravane anschließen zu
können.

Ich verhehlte mir die großen Schwierigkeiten meines
Unternehmens in keiner Weise, sie waren sehr ernster
Natur, doch nach reiflicher Ueberlegung entschloß ich
mich, auf mein bisheriges Glück vertrauend, zum An=
tritte meiner Reise.

Schon im Elternhause ließ ich mir das Studium
der arabischen Sprache sehr angelegen sein und hatte
eine ziemliche Fertigkeit erworben; während meines
zweijährigen Aufenthaltes in Bruder Jonathans Landen
hatte ich mich mit Strapazen aller Art vertraut gemacht,
der Gedanke an den Tod hatte für mich sehr viel von
seinen Schrecknissen verloren, denn in den Prairien von
Kansas und Texas hatte ich oft mit der Waffe in der
Hand den räuberischen Gambusinos, den Buschrangers

Nordamerikas, mein Leben wehrend, gegenübergeftanden, war oft nahe baran, Stubien über das Schweben in freier Luft (an einem Seile) anstellen zu können, ober ein paar Zoll Eisen eines mexikanischen Cuchillo's zwischen meinen Rippen zu fühlen.

Indessen, damals war mein Glücksftern noch in vollem Glanze, und ich konnte mich und meine mühsam erfparten Dollars mit heiler Haut aus dem mit Gefinbel· ber ärgften Sorte bevölkerten Texas zurückziehen.

Der Gedanke, wo möglich von einem strenggläubigen fanatischen Wüftensohne, ber sich baburch ben fiebenten Himmel zu verbienen suchen könnte, baß er einem räubigen Christenhund (Kelbh) bei bem Schopfe ins Jenseits spebirte, um einen Kopf kürzer gemacht werben zu können, war allerdings etwas wibrig, indessen wer vermochte in die Zukunft zu blicken! Mit Eifer betrieb ich die Vorbereitungen zur Abreise; im Vergleiche zur Ausbehnung und Art der Reise waren dieselben verhältnißmäßig schnell beendet. Mein ganzes Gepäck mochte wohl kaum 60 Pfund erreichen, ein Sack mit Datteln, Kuskusmehl, einige Maiskuchen (Galetta's), einige Schläuche (aus ungegerbten Schaffellen) Wasser, ein Fläschchen Rum und einige unentbehrliche Medicamente waren mein Proviant.

Obwohl es möglich ist, in europäischer Kleidung, so weit die französischen Bajonette reichen, zu reisen, so thut man boch besser, gleich von Beginn in arabischer Tracht sich zu kleiden, überbies ist die senzenbe Sonnenhitze im Innern, besonders in der Region der Sanbhügel El Erg, berart, baß sie jebe bichtere Bekleidung verleibet. Ein weißer Burnus aus Wolle, eine Pumphose aus gleichem Stoffe, einige Sanbalen und ein spitz zulaufenber, mit phantaftischen Schnörkeln versehener Strohhut mit breiter Krämpe bilbete· meinen Anzug; ein alter Genosse aus Texas, ein sechsläufiger Revolver mit Munition für 200 Schüsse, ein gutes Bowiemesser meine Bewaffnung. Meine Dollars hatte ich in französische Francs, dem allgemein gangbaren Gelde in der Wüste, umgewechselt und trug sie nebst einem kleinen Papiervorrathe in einem Gurte um den Leib. Ein kleines unentbehrliches Zelt mit dem nöthigen Zu= gehör vervollständigte meine Ausrüstung.

Mein Nächstes mußte es nun sein, meine Reise= gefährten kennen zu lernen. Unsere Caravane bestand mit Einschluß des Führers aus 82 Personen und 245 Kameelen, die mit französischer Waare, Cattuns, Leinen, Messern, Eisen= und Glaswaaren, Matten u. s. w., be= laden waren, auf dem Rückwege hätten Datteln, be= sonders aus der Oase Tafilet, die als die besten in der Wüste gelten, Straußfedern, Wolle, Kameelhaare und Goldstaub ihre Fracht gebildet.

Die meisten der Leute waren mit ihren langen Feuersteinschloß=Gewehren, worunter einige reich mit Silber beschlagen, und dünnen haarscharfen Messern bewaffnet, und der Stolz der Leute auf dieselben war deutlich zu erkennen. Zwei unter ihnen waren hierlands geboren und sprachen das französische und spanische Idiom mit ziemlicher Geläufigkeit, ein Zufall, der mir, da ich des Arabischen nicht ganz mächtig war, sehr zu statten kam.

Manche meiner Reisegenossen hatten ein so durch= triebenes habgieriges Gesicht, echte Galgenphysiognomien, daß es mir gruselig zu Muthe ward und ich unwill= kürlich an den Kopf griff, um mich zu versichern, daß er noch fest am Rumpfe sitze. Besonders erregte der Führer der Caravane, Ben Abballah, ein alter Araber vom Stamme der Beni*) Hamam, ein athletisch gebauter, finster aussehender Mann mit grauem bis zur Brust reichendem Barte, mein gerechtes Mißtrauen. Ich hatte mit ihm einen Vertrag abgeschlossen, nach welchem ich

---

*) Ben oder Uleb, plur. Beni, Ulad, Söhne oder Abkömmlinge.

für ein Reitkameel 80 Francs Miethe zahlen, mich
selbst verpflegen und für die Beischaffung des Proviantes
selbst sorgen mußte, wogegen er sich verpflichtete, mich
für die Summe von 120 Francs sicher nach Timmi=
num, in Gurara, zu bringen. Wie wenig er sein Wort
hielt, wie schändlich er mich betrogen, ja mich in die
ernsteste Lebensgefahr brachte, hatte ich leider nur zu
bald Gelegenheit zu erfahren.

Am 12. Mai 1868 war die Caravane marschfertig,
und nachdem die Leute sich vorschriftsmäßig dreimal
gegen Osten verneigt, ihre Gebete und Waschungen
(el ubhu) verrichtet hatten, traten wir früh Morgens
unsere Reise an.

Es wird gewiß nicht überflüssig erscheinen, wenn
ich hier zum besseren Verständnisse des Nachfolgenden
den Terrainverhältnissen des Landes einige Worte
widme.

Die einzelnen Züge des Atlasgebirges, das von
West nach Ost immer an Höhe abnimmt, theilen das
Land in drei verschiedene, scharf begrenzte, durch Vege=
tation und Form gekennzeichnete Abstufungen. Dringt
man von der Küste gegen das Innere vor, so betritt
man zuerst das Tell oder die Küstenlandschaften, gut
bebautes, mitunter herrliches Land mit üppiger Flora,
das sich in Marokko am weitesten gegen das Innere
des Landes ausbreitet, sodann immer schmäler wird
und endlich in Tunis mit dem inneren Lande in ein
einziges Gebiet aufgeht.

Das nächste Gebiet bildet die Hochebene der Schott's,
ein Plateau von ziemlicher Erhebung, das im Norden
gegen das Tell durch hohe Gebirgszüge (in der Provinz
Oran durch das Saïdagebirge), im Süden gegen das
eigentliche Wüstenland durch die Gebirgsketten des Djebel
Ksan, Djebel Ksel, Djebel Amur u. s. w. getrennt ist.
Eine in ostnordöstlicher Richtung verlaufende Reihe
größtentheils trockengelegter Seen und Sümpfe mit sal=

zigem Wasser (Schott's genannt) charakterisirt dieses Plateau. Es vermittelt den Uebergang vom Tell zur eigentlichen Wüste, obwohl es in einigen Theilen, besonders in der Provinz Oran, im Gebiete des Schott el Garbi und Schott-esch-Schergi ein beinahe trostloseres Bild als die eigentliche Sahara bietet.

Jenseits der letztgenannten Gebirge endlich dehnt sich die unübersehbare Wüste aus, worin man aber wieder die Hammâda, steiniges, vegetations- und wasserarmes Hochland und die Region der beweglichen Sandhügel El Erg, unterscheiden muß.

Und nun zurück zur Reise. Wir verließen Oran auf der guten in europäischer Art gebauten Chaussée und nahmen die Route nach Maskara, das wir nach 5 Tagen erreichten. Unmittelbar vor den Thoren Orans breitet sich eine kleine Ebene (Métla) aus, die sich bis an das Tessalagebirge im Süden erstreckt. Weizen und Gerste, Mais und Weinrebe liefern hier ergiebige Ernten. Einzelne in der Ebene zerstreute Farmen lassen die Wohnsitze der europäischen Colonisten erkennen. Auf der Route von Oran bis zum Gebirge im Süden liegen die kleinen aber netten Orte Senta, Valmy, le Tlelat, St. Denis el Sig. Letzterer, der größte unter diesen, mag 2—300 Häuser und 1200 Einwohner zählen. Araber bekam ich bis jetzt wenige zu Gesicht, überhaupt glaubt man sich, abgesehen des Anblicks der Dromedare, die hie und da auf den Grasflächen weiden, der eigenthümlichen Vegetation und einiger in Lumpen gehüllter, bettelnder Abkömmlinge der Abassiden, in irgend einen Theil der Provence oder Südspaniens versetzt.

Von St. Denis el Sig im Wadi*) Sig kamen wir über den Paß L'Habra, durch welchen die Straße in

---

*) Flußthal, im Sommer gewöhnlich trocken, in der Regenzeit hingegen vom Flusse erfüllt.

zahlreichen Windungen sich auf den Sattel der Höhe schwingt und unseren Kunststraßen in den Alpen nichts nachgibt, nach Oued el Hammam, einem kleinen Ort im Wadi-Sig. Hier sah ich die ersten größeren Duar's (Zelte) der Araber, die alle zur Abwehr gegen die= bische Eingriffe mit dichten Hecken von Weißdorn und Disteln umgeben und von großen kläffenden Wolfshunden bewacht waren. Die Zelte waren sehr geräumig und gewährten ausreichenden Schutz gegen die sengenden Sonnenstrahlen. Noch einmal erklommen wir die Höhe des Gebirges und erreichten bald Maskara, nach Oran und Tlemcen die größte und wichtigste Stadt des Tells in der Provinz Oran. Die Caravane machte hier einige Tage Halt, um Provision und Ladung zu vervollstän= digen. Ich benützte die Gelegenheit und durchstreifte die Stadt nach allen Richtungen, um das Treiben der Araber näher kennen zu lernen. In Maskara, das aus zwei gesonderten Vierteln, dem mit einer crenelirten Mauer umgebenen Europäerviertel und dem im Norden gelegenen Araberviertel besteht, fand ich alle Typen der algerischen Sahara vertreten. Der wöchentlich abgehal= tene Markt, zu welchem die Araber aus dem ganzen südlichen Theile der Provinz ihre Producte bringen, bot ein lebhaftes Bild und Gemisch aller Hautfarben und Trachten dar, und war mir der willkommenste Stoff zu Betrachtungen. Männer aus der Oase Ksur, aus Tuat und Gurara, Berber und Bewohner des an= stoßenden Marokko handelten und stritten mit den hier sehr zahlreich vertretenen Juden. Auffallend waren die Häuser der Juden bezeichnet, indem sie an den Wän= den und an den Thüren die rothen (blutigen) Abdrücke der inneren Handfläche zeigten; wie ich nachträglich erfuhr, sei dies zur Erinnerung an die Befreiung aus dem ägyptischen Joche, wo ja bekanntlich nach der Bibelsage der Würgengel in der Nacht vor dem Auszuge die Erstgeborenen der Aegyp= ter tödtete, während er die Häuser der Juden, die ihre

Thüren mit dem Blute des Opferlammes bestrichen hatten,
verschonte. Höchst ergötzlich war die Scene zwischen zwei
Handelnden, wovon der Verkäufer ein Jude, der Käufer
ein Araber war. Sie überboten sich gegenseitig im
Schreien und im Betrügen und nach stunbenlangem
Feilschen hatte der Araber zuletzt den raffinirten Juden
doch übervortheilt und ging mit der Miene eines Sie-
gers ab, während der Jude nun plötzlich den Betrug
merkte und ein entsetzliches Zetergeschrei, begleitet von
seinen Glaubensgenossen, anhob, während die umstehenden Araber in boshaftes Lachen ausbrachen. Die Stellung der Juden ist überhaupt in der ganzen Wüste eine
nicht beneidenswerthe; vom Araber verachtet und bei
jeder Gelegenheit betrogen und geprellt, ist er seines
schrecklichen Schmutzes wegen auch von den europäischen
Colonisten gemieden. Er betreibt hier zu Lande alle möglichen Handwerke, besonders das Schustergewerbe, be-
faßt sich mit dem Detailhandel, wetteifert an Habgier
mit dem Araber, ist aber dabei so feige, daß er hier
mehr als in Europa das Pulver fürchtet. Dem Reisenden in der Wüste wird er bald durch sein intriguantes
Benehmen verhaßt werden. Der Müßiggang, die Arbeitsscheu des Arabers in den Städten ist unglaublich,
das dolce far niente der Italiener steht hier in seiner
höchsten Blüthe, er erträgt lieber die größten Entbehrungen, als sich zu der unbedeutendsten Arbeit zu bequemen; sein einzig Trachten und Sinnen ist, durch
Betteln oder durch Kniffe und Betrug, im schlimmsten
Falle durch einen kühnen Griff die geringen Bedürfnisse zu seinem Unterhalt sich zu schaffen und das Leben
so zu fristen. Zum Opfer seiner ehrlichen Absichten ist
gewöhnlich ein jüdischer Kuskus- oder Maisbrodkrämer
auserlesen.

Die Feld- und Hausarbeit besorgen im ganzen
Tell beinahe durchwegs Berber, aus Marokko einge-
wanderte Leute, die tüchtige Arbeiter abgeben und nach

3 bis 4 Jahren mit den gemachten Ersparnissen in ihre
Heimat zurückkehren und sich einen eigenen Herd gründen.

Von schönem Schlage sind hier die jüdischen Frauen
und Mädchen und hie und da gewahrt man noch Ge=
sicht und Körper à la Rebecca; sie kleiden sich in ihrer
ursprünglichen Tracht, die ihnen nicht übel steht, be=
sonders der rothe sammtene Mantel mit Kapuze.

Sowohl in Religion als auch in Sitten und Ge=
bräuchen haben hier die Juden und Araber manches
gemein; es darf dies nicht Wunder nehmen, da man
die Abkunft beider Völker von Abraham nicht leugnen
kann.

Vor Aufgang der Sonne rief der Mudem von
der Galerie des Minarets die Gläubigen zum Gebete;
der Mann hatte eine Stimme, um die ihn jeder Bari=
ton der europäischen Theater beneiden könnte.

Bald füllten sich die Straßen mit Menschen, der
Markt bot jetzt ein schreckliches Gewirre dar, ich be=
suchte ihn und war bald im Gespräche mit einigen
Krämern verwickelt. Immer zogen die braunen mageren
Körper der Araber meine Aufmerksamkeit auf sich; ich
konnte die Kraft nicht begreifen, die diesen Körpern
innewohnte und deren Beweise ich oft wahrgenommen,
wobei man erwägen muß, daß die Genügsamkeit der
Araber unerreicht dasteht, und ein bis zwei Tassen dick=
flüssigen Moccakaffees, einige Bissen Kuskus sein ganzes
Mahl ausmachen, das er Tag für Tag zu sich nimmt.

Die größte Zahl der Araber in den Städten ver=
mag sich jedoch selbst diese geringen Bedürfnisse nicht
zu verschaffen, sie muß zu Nahrungssubstanzen ihre
Zuflucht nehmen, die den Ekel jedes Europäers im
höchsten Grade erregen würden.

Die Nachwehen und Folgen der letzten im Winter
1867—68 ausgebrochenen Hungersnoth, hervorgerufen
durch drei auf einanderfolgende Mißwachsjahre, waren
auf den Gesichtern der meisten zu lesen.

Wie groß das materielle Elend der Araber ist,
wie heftig der Hunger in den Eingeweiden derselben
wüthen muß, auf welche Art sie ihn zu stillen suchen, zeigten mir folgende zwei Scenen: Im bunten Getümmel des
Marktes ertönte plötzlich ein geller Schrei aus Hunderten
von Kehlen, eine riesige Staubwolke hüllte plötzlich Alles
ein, bald darauf hörte ich ein wirres Geräusch, ähnlich
dem beim Dreschen des Getreides verursachten, begleitet
von einem Wuthgebrüll der Menge; im selben Momente
sah ich das hastige Zusammenpacken der Verkäufer, während einzelne Furchtsame sich in die Häuser flüchteten.

Ich eilte auf den Schauplatz zu und fand einen dichten Knäuel zerrissener, mit Ungeziefer aller Art bedeckter
Araber, in dessen Mitte einige von ihnen mit heftig blu-
tenden Köpfen und Rücken auf der Erde sich wanden, während einige Spahis und Gensd'armes maures mit ihren
Stöcken die Menge zurückdrängten und zum Auseinander-
gehen aufforderten. Alsbald trieben dieselben mit erneuer-
ten Stockhieben (Matraque) die halbtobtgeprügelten Araber auf das am Marktplatze befindliche Bureau d'Arabes,
wo sie nach bestandenem Verhör gewöhnlich im Hofe desselben ihre Strafe empfangen, die in 20—40 Matraque-
hieben und 3—4 Tage Einzelhaft bei Wasser und Brod
besteht. Die Wucht eines solchen Hiebes mag eine fürch-
terliche sein, wenn man bedenkt, daß die Matraque ein
dünner, an einem Ende knollenartig verwachsener Wurzel-
stock von ungemeiner Härte ist, und er mit seltener Virtuosität von den französischen Sbirren Afrikas, den Gens-
d'armes maures und Spahis*) gehandhabt wird. Auf
meine Frage über die Veranlassung zu diesem Auftritte
erfuhr ich den Hergang desselben.

Die Stände der Krämer sind in Reihen geordnet,
so daß in ein und derselben Reihe nur gleiche Artikel
zum Verkaufe gelangen. So gibt es z. B. eine Reihe

---

*) Eingeborne in französischen Kriegsdiensten.

mit Datteln- und Johannisbrod-, eine zweite mit Feigen-
und Feigenbrod-, eine dritte mit Kuskus- und Maisbrod-
verkäufern u. s. w. In ter Reihe der letzteren hatten
sich um den Stand eines jüdischen Händlers einige
Araber, denen der wüthendste Hunger ans allen Mienen
zu lesen war, gesammelt, in der unlöblichen Absicht, im
günstigen Momente mit der Beute einiger Kuskusbrode
in der Menge zu verschwinden. Der Händler ließ sich
jedoch durch das entsponnene Gespräch über den Werth
eines Brodes nicht irre führen und wandte kein Auge
von den ausgestellten Waaren ab; des langen Feilschens
müde, riß den braunen Wüstensöhnen endlich die Geduld;
auf gut Glück griff einer von ihnen nach einem Kuchen,
der im nächsten Momente in Atome zerbröckelt war;
während die Umstehenden über die Maisbrode herstürz-
ten und den Kram plünderten, hatte der Verkäufer den
Räuber, der den ersten Griff gethan, bei dem Arme
erfaßt und erhob nun ein Zetergeschrei, worauf bald
die zur Herstellung der Ordnung aufgestellten Spahis
herbeistürmten und nun unbarmherzig auf die Köpfe
der Nächststehenden lostrommelten; hageldicht fielen die
Hiebe auf den Rücken des armen wehrlosen Opfers
und einiger seiner Genossen, die ihn aus den Händen
der Büttel retten wollten.

Ich konnte nur mit Abscheu mich von solchen
Scenen abwenden und machte mich auf den Weg nach
dem Araberviertel; bei dem Thore der Stadt angelangt,
sah ich auf den vor demselben aufgehäuften Kehricht-
haufen eine Menge halbnackter, zu Skelet abgemagerter
Männer, Frauen und Kinder damit beschäftigt, aus
dem Pferdemist die noch unverdauten Hafer- und Gersten-
körner auszulesen und zu verzehren, während andere
die Knochen mit Steinen zerklopften und die Splitter
mit Wasser befeuchtet zum Munde führten, um dem
Hungertode zu entgehen. Ein zur Unkenntlichkeit abge-
magertes Weib, das in dem Schooße ihres Rockes zwei

dem Tode nahe Kinder am Rücken trug, kroch auf
Händen und Füßen zu mir heran und küßte, bevor
ich es noch verhindern konnte, den Saum meines Burnus und bat mich um einen Bissen Brod, indem sie
sagte, daß sie selbst im Kehrichte nichts mehr finden
könne; wie konnte ich als Mensch anders handeln, als
daß ich einige Kuchen kaufte und sie ihr gab, mich eiligst
entfernend, um ihren Dankesbezeigungen zu entgehen,
und auch aus dem Grunde, daß in wenigen Minuten
eine ganze Schaar bettelnder Araber mich umgab, die
ich selbst mit dem besten Willen nicht hätte befriedigen
können. Unter solchen Umständen darf es nicht Wunder
nehmen, täglich den Hungertod gestorbene Araber auf
den Gassen liegen zu finden. Solche Scenen wieder-
holen sich beinahe alle Markttage, und wie ich während
meines neunmonatlichen Aufenthaltes in Algerien Gelegenheit hatte zu sehen, beinahe an allen Orten der drei
Provinzen.

Und die Schuld an diesen jammervollen Verhältnissen, an diesem unerhörten materiellen Elende, an der
traurigen Lage in der ganzen Colonie trägt nur die
französische Regierung.

Wenn die Franzosen heute nach 40jähriger Occupation des Landes die Bilanz ziehen, und die Erfolge,
den Nutzen ihres bisherigen Wirkens mit den gebrachten
Opfern vergleichen, so entrollt sich ihnen ein trauriges
Bild, wenn auch die Gouverneure der Colonie alle
Schattenseiten der unseligen Wirthschaft vertuschten und
nach Paris schön und rosig gefärbte Berichte über den
Zustand derselben sendeten, wenn auch Napoleon auf
seiner Reise in der Colonie seine Zufriedenheit über die
Lage der Dinge äußerte und ihm die Behörden dasselbe Gaukelspiel aufführten, das Potemkin seiner Kaiserin Katharina II. in der Krim und Südrußland bereitete.

Mit ungeheueren Opfern an Menschenleben, worunter leider auch das vieler deutscher Landeskinder, und

Capital, haben sich die Zustände seit der Invasion im Jahre 1830 wenig gebessert. Der Einfluß Frankreichs auf die Stämme der algerischen Sahara ist kein großer, die Sicherheit nur soweit leiblich, als die Bajonette seiner Truppen reichen; südlich von Biskra, El Laghuat und Gérhville weiß man blutwenig von der Oberherr- schaft Frankreichs, ja es ist geradezu das Gefährlichste, als französischer Spion in diesen Gegenden gehalten zu werden, die größte Verdächtigung, die einem Reisenden angethan werden kann.

Will die Colonialregierung Steuern erheben, so muß sie bedeutende Truppencolonnen in das Gebiet der Tributpflichtigen entsenden und sie ihnen mit Gewalt ab- nehmen; in den meisten Fällen jedoch hat sie das leere Nachsehen, indem sie zu spät kommt, die Stämme ihre Zelte vor Annäherung der Truppen abbrechen und weiter ziehen, während die Franzosen nun alles verwüsten, was sich nur verwüsten läßt, und selbst die Dattelpalmpflan- zungen vernichten, die jedem Araber heilig sind.

So trägt eine Nation, die sich brüstet, an der Spitze der Civilisation zu schreiten, die Segnungen der Cultur unter wilde Völker! O civilisirte Barbaren!

Anstatt die Colonie mit tüchtigen ehrbaren Leuten zu bevölkern, entledigt sich Frankreich aller unangeneh- men Subjecte im Mutterlande dadurch, daß sie diesel- ben nach Algerien schickt, Leute, die mit dem Code civil in irgend einer Art in Conflict gerathen waren, und die zur Strafe hier nun Zeit und Muße haben, sich zu bessern, meistens aber nur noch tiefer zu sinken.

Dadurch, daß die Regierung ihnen kleine Länder- reien überläßt, machte sich das persönliche Willkürregi- ment des decembristischen Cäsarenthums diese Leute verbindlich und zu getreuen Dienern und Executoren der Befehle.

Freiwillig angesiedelte, ehrbare, tüchtige Landwirthe und Negocianten zählt die Colonie wenige.

Für die Civilisation der Araber ist soviel wie gar nichts geschehen; in den Städten haben die Araber die schlechten Sitten und Gewohnheiten des Pöbels sich eigen gemacht und treten die Gebote ihres Glaubens mit Füßen, indem sie trotz des Verbotes des Korans sich mit Absynth, Cognac und Wein betäuben und betrinken. Kaum eine halbe Stunde außerhalb der Stadtmauern lebt der Araber in seinem Zelte in derselben Unwissenheit, im selben Schmutze, in denselben barbarischen Sitten wie ehedem.

Die grenzenlose Willkürherrschaft der Bureaux arabes, deren Beamte französische, der arabischen Sprache mächtige Officiere sind, und welche die competenten Behörden der Araber in allen Angelegenheiten bilden; die Verachtung, mit welcher die einheimische Bevölkerung von diesen behandelt wird, die gewaltthätigen, rohen, empörenden Proceduren, die auf Anordnung des Bureau arabe vorgenommen werden, alles dies ist eben nicht geeignet, milde Gesinnungen in den Herzen der Araber zu erwecken und aufkommmen zu lassen; sie machten mir den Haß, den Fanatismus der Araber im Lande begreiflich, der im äußerlichen Umgange zurücktritt und gefälligen und glatten Manieren, die von Unterwürfigkeit und Versöhnlichkeit zu zeigen scheinen, Platz macht; unbemerkt blickt aber aus dem Gesichte des Arabers der unauslöschliche Haß gegen die Unterdrücker und Feinde ihres Landes, ihrer Religion, ihrer Freiheit. Auf eine Umwandlung zu Gunsten der Franzosen in dem Wesen der Araber darf und wird die Regierung nie zählen können.

Während eines 40jährigen Besitzes der Colonie hat Frankreich für die Hebung der intellectuellen und moralischen Fähigkeiten, der Bildung des Geistes der einheimischen Völker soviel wie gar nichts gethan; vergebens sucht man nach Bildungs- und Arbeitsanstalten, in denen der Sinn für Arbeitsamkeit, Ehrlichkeit, Reinlichkeit in ihnen

geweckt und gepflegt würde; müßig verderben diese vielen
Arbeitskräfte, die der heimischen Industrie, den Ge-
werben und dem Handel auf die Beine helfen könnten.
Die natürliche Folge ist die, daß bei der großen
Arbeitsscheu des Volkes die Gefängnisse aller Städte
mit arabischen Gefangenen überfüllt sind, und trotz der
nicht beneidenswerthen Lage derselben, die Araber sich
irgend eines Verbrechens schuldig machen, um auf
Staatskosten in den Gefängnissen erhalten zu werden,
und damit der persönlichen Sorge um den Unterhalt
überhoben zu sein. Wenn bei der großen Noth, bei dem
unaussprechlichen Hasse der Araber, Morde an Franzosen und Colonisten überhaupt nicht allzuhäufig sind,
so ist dies nur der Strenge des Gesetzes zuzuschreiben,
die der Araber und mit Recht fürchtet, denn wahrhaftig, die Handhabung des Code Napoléon und Code civil
in Algerien ist eben keine milde.
Die rücksichtslose und engherzige Militärwirthschaft
ist der Ruin des Landes; die ergebenen Stämme seuf-
zen unter der Last der Abgaben und finden doch keinen
ergiebigen Schutz gegen die Ueberfälle und Raubzüge
der aufrührerischen Stämme in den südlichen Landstrichen
der algerischen Sahara.
Die französische Regierung begnügte sich bisher
damit, das Land, so gut es anging, finanziell auszu-
pressen und für seine Armee eine Pflanz- und Uebungs-
schule zu haben; in Anbetracht der großen Truppen-
massen, welche die Erhaltung der Colonie bedarf, eine
sehr kostspielige Schule. Bei der anerkannten Tapferkeit der Stämme der algerischen Sahara möge sich die
Regierung nicht dem Glauben hingeben, im unange-
fochtenen Besitze des Landes zu sein, sie möge sich
in Acht nehmen, daß für die Truppe nicht noch der
Tag komme, an welchem dieselbe ihr einzig Heil auf
den Schiffen suchen müßte, wie sie denn im Verlaufe
der 40 Jahre öfters nahe daran war. Noch in jüngster

2

Zeit, im Jahre 1864, als Si Sliman Sibi Hamsa, der Chef der Ulab Sibi Scheichs, sich erhob, wurden anfangs die Franzosen bis an das Tell zurückgedrängt.

Wenn ich auch nun zugebe, da ich es selbst erfahren mußte, daß ein Volk wie die Araber, deren Sitten und Religion die intolerantesten der Welt sind, für die Segnungen der Cultur und Civilisation unzugänglich ist, so ist jedoch die Art und Weise ihrer Behandlung von Seite der Franzosen eine in keiner Weise zu rechtfertigende. In dieser Hinsicht wäre es das Beste, die Araber immer weiter zurückzubrängen, das Land mit europäischen Colonisten zu bevölkern und so der Cultur eine erweiterte Wirkungssphäre zu geben; alsbald würde die Colonie auch die Staatseinnahmen vermehren und nicht wie bis zur Stunde den Staatssäckel in Anspruch nehmen.

Doch nun nach dieser Abschweifung zurück zu meiner Reise. Nach dreitägigem Aufenthalte in Mascara brachen wir wieder weiter nach Süden auf. Von Mascara führen zwei Caravanenstraßen nach dem Süden, eine in südöstlicher Richtung nach dem Orte Frenbah, die zweite in südwestlicher Richtung über Saïda, beide Orte liegen an der Grenze des Hochplateaus der Schott. Da in Frenbah noch einige Leute aus Tagremaret mit ihren Kameelen zu uns stoßen sollten, so schlugen wir diese Richtung ein.

Bot die Gegend bisher ein leibliches Bild, indem doch die Abhänge des Gebirges mit Gesträuch und niedrigen Bäumen, der Boden links und rechts der Chaussée mit Cactéen und Aloë bepflanzt war, so hörte nun eine Stunde südlich von Mascara jede Spur von Straße und beinahe alle Vegetation auf; dürres Gras und niedrige, kaum einen Schuh hohe Sträucher bedeckten den Boden, hie und da sah man am Saume eines Wassertümpels einiges Oleandergebüsch, weit und breit kein Baum, in dessen Schatten man auf einige Minuten

ausruhen und vor der brennenden Hitze Schutz gefun=
den hätte. Nachdem wir die kleine Ebene, die uns noch
vom Gebirge trennte, durchmessen hatten, kamen wir
in das kahle, steinige, zerrissene Felsgebirge, das mit
jedem Schritte öder und steiniger wurde. Welch trost=
loser Anblick!

Nach einem neunstündigen anstrengenden Marsche,
respective Ritte, lagerten wir am Abhange einer kleinen
Höhe, in der Nähe eines kleinen, von Oleandergebüsch ver=
deckten Wassertümpels, der ziemlich gutes Wasser hatte.
Auf der uns gegenüber liegenden Anhöhe stand das Grab
eines Scheriffs in Form eines quadratförmig von manns=
hohen Mauern umgebenen Raumes, der mit einer Kup=
pel überwölbt war; Kuppel und Mauern waren weiß
übertüncht und weithin sichtbar.

Da ich keine Diener hatte, so mußte ich mir
mein Zelt selbst aufschlagen, und legte mich, nachdem
dies geschehen war und ich mein höchst frugales Mahl
verzehrt, auf meine Matte nieder, um auszuruhen.

Obwohl der Ritt auf einem Kameele nicht stoßend
und unangenehm ist, im Gegentheil man in einer steten
wiegenden Bewegung sich befindet, so war doch das
ungewohnte Sitzen ermüdend.

Am folgenden Tage erreichten wir den Wadi Mina,
ein Flußthal von ziemlicher Ausdehnung, und lagerten
im Caravanserail, ein großes Gebäude mit umzäun=
tem Hofe zur Aufnahme der Thiere; jetzt war es leer
und verlassen und theilweise zerstört. Nach drei tüchti=
gen Tagemärschen erreichten wir endlich Frendah, den
letzten Ort im Tell, klein, unansehnlich, bestehend aus
6 bis 7 Gebäuden, mit einer kleinen Besatzung, die in
Zelten campirte; die Bewohner, größtentheils arabische
Juden, erreichten kaum die Zahl 100.

Das Gebirge, das wir eben durchschritten hatten,
bot in einigen Theilen einen eigenthümlichen interessan=
ten Anblick, besonders waren dies die großartigen Ero=

2*

sionserscheinungen. Von dem Kamme gegen den Fuß sich erweiternde, breite, tiefe Rinnsale durchschnitten den Abhang allenthalben, au den Wänden der Rinnen konnte man die Schichtung der Gesteine deutlich erkennen. Jedenfalls mußten große Wassermassen hier ihren Abfluß gefunden haben; hier in der unmittelbaren Nähe von Frendah war die Nordseite der Berge mit dichtem, die Südseite hingegen mit spärlichem Gebüsch und Strauchwerk bedeckt.

Nachdem die Schläuche mit frischem Wasser gefüllt waren, und die erwarteten Leute mit ihren Kameelen sich uns angeschlossen hatten, ging es nun südwärts in die Region der Schott's, die, eine Tagreise von hier, den Charakter der reinen Wüste in ganzem Maße trägt. War es bisher noch möglich, einiges Holz zu finden und sich damit noch einige Speisen zuzubereiten, so konnte jetzt wohl davon keine Rede mehr sein, denn soweit das Auge blickte, war kein Grashalm, geschweige Strauch zu erspähen, die ganze Gegend war eine wellenförmige, mit Steingerölle und Sand bedeckte Ebene; im fernen Süden tauchten die dunkelblauen Massen des Djebel Amûr und Djebel Ksel auf.

Brunnen oder Wasser überhaupt war nach der Versicherung der Leute in Frendah auf drei Tagereisen weit keines zu finden. Mein Vorsatz, mit dem Wasser spärlich umzugehen, war leider bald nicht mehr ausführbar, denn der entsetzliche Durst, der mich quälte, machte meinen Vorrath erschrecklich schnell schwinden. Zu dem Durste gesellte sich bald eine neue, viel größere Qual. Ben Abdallah, unser Führer, warf bald, nachdem wir Frendah im Rücken hatten, die Maske der Freundlichkeit, die er bis dahin aus Ursache der auf dieser Strecke stets patrouillirenden Spahis und Gensd'armes maures bewahrte, ab und zeigte sich in seiner wahren Gestalt. Sein Benehmen war von nun an das niederträchtigste, unverschämteste, das ich wäh-

renb neun Monaten, bie ich in biefem Lanbe zubrachte,
an mir erfahren mußte. Bis an ben obengenannten
Ort war ich meiftens an ber Spitze ber Caravane ge=
ritten: Ben Abballah erwies fich mir in jeber Hinficht
gefällig unb gab auf alle meine Fragen Befcheib. Nun
mußte, ich an ber Queue bes Zuges meinen Platz neh=
men, unb ausgefchloffen von jebem Gefpräche, hatte ich
nur bas Vergnügen, ben ganzen Staub unb Sanb, ben
bie Thiere auf bem Boben aufwirbelten, zu verbauen.

Am nächften Halteplatz, ben wir nach breizehn=
ftünbigem Ritte erreichten, fchlug ich mein Zelt etwas
abfeits vom Lagerplatz ber Uebrigen auf, um jebe Col=
lifion zu vermeiben. Ich fammelte einigen Kameelmift,
machte bamit ein Feuer unb bereitete mir mein ein=
faches Mahl, inbem ich einen kleinen Kuskuskuchen auf
bem Feuer garbriet. Während ich es verzehrte, kamen
einige ber Leute, bie wahrfcheinlich aufgehetzt von
Ben Abballah, ihm in ber Unverfchämtheit Folge leifte=
ten, unb verlangten ein wenig Kuskus; ich konnte nichts
anberes thun, als ihnen welchen geben; ich mußte
gute Miene zum böfen Spiele machen, ftunb ich ja
ganz in ihrer Hanb.

Während ber Nacht verließ ich mehrmals mein
Zelt, um nach ben Kameelen zu fehen; immer feffelte
mich bann bie unausfprechliche Herrlichkeit ber Nacht
in ber Wüfte unb lockte mich während meiner ganzen
Reife oft aus bem Zelte. In unferem lieben Deutfch=
lanb fah ich wohl nie folch klaren Himmel, bie Bläue bes
Firmaments in ber Wüfte wirb wohl nicht übertroffen;
azurblau fpannt fich bas Himmelsgewölbe über ber Erbe,
bie taufenb unb taufenb Sterne, fie glänzen noch ein=
mal fo hell, bie Luft ift babei fo burchfichtig, baß man
auf bie weitefte Entfernung Gegenftänbe zu erkennen ver=
mag; ja bie größeren Sterne haben hier ein fo inten=
fives Licht, baß Gegenftänbe auf bem weißen Sanb=
boben Schatten werfen. Die Atmofphäre ift fo rein,

daß man mit freiem Auge die Trabanten des Jupiter auszunehmen im Stande ist. Eine angenehme Kühle wirkt erfrischend auf die abgespannten Nerven, lautlose Stille, höchstens unterbrochen durch das ekelhafte Geheul und Gekläffe der Hyänen und Schakale, herrscht hier. Es ist daher leicht zu begreifen, daß die Nacht in den Gedichten und Liedern der Araber eine große Rolle spielt, daß er die Nacht, während welcher er die ersehnte Ruhe findet, die Kühlung nach der unaussprechlichen Hitze des Tages ihn labt, preiset und die schwungvollsten Verse ihr widmet, nennt er sie doch seine Geliebte (Lella) und mit Recht.

In den Morgenstunden war die Luft so abgekühlt, daß es mich ordentlich schüttelte, und ich erstaunte nicht wenig, als mein Zelttuch ganz durchnäßt war, ja in den Herbstmonaten konnte ich oft bemerken, daß die Abkühlung während der Nacht so groß war, daß der Thau gefror und das Zelttuch steif gleich einem dünnen Brette war. Daß eine so ausgiebige Abkühlung während der Nachtstunden, welcher in den Vormittagsstunden eine unerträgliche Hitze folgt, nicht ohne schädliche Einflüsse auf den Gesundheitszustand bleiben kann, zeigen die vielen Gicht- und Rheumatismuskranken in den arabischen Ksors der Wüste. Auch auf mich übte dieser große Temperaturumschlag nachtheilig, indem ich lange Zeit einen heftigen Durchfall nicht los werden konnte.

Nach drei Tagereisen erreichten wir den östlichsten Theil des Schott esch Schergi, die Salzebene Ecourra. Am Ritte bis dahin hatte ich in einer Weise gelitten, die sich mit Worten nicht wiedergeben läßt. Mein Wasservorrath war schon am Tage vorher zu Ende gegangen, ich mußte nun während des letzten Tages die schrecklichsten Durstesqualen erdulden, der Anblick der zahlreichen gebleichten Gerippe von Kameelen, Maulthieren und selbst Menschen wirkte in der unangenehmsten Weise auf mich ein, meine Phantasie malte sich

die düstersten Bilder aus. Wenn ich noch einige Dat=
teln gehabt hätte, sie konnten meine Leiden mildern,
doch in der vorletzten Nacht hatten mir einige Schurken
meinen Sack mit Datteln gestohlen, und so gerne ich
Ben Abballah zur Rede gestellt hätte, denn auf seine
Veranlassung konnte dies nur geschehen sein, ich mußte
es unterlassen, wollte ich nicht das Aeußerste befürchten;
ein Kampf mit 90 wohlbewaffneten Leuten wäre wohl
ein toller Gedanke gewesen, und doch hätte dieser Schurke
eine ernste Züchtigung verdient.

Meine ganze Baarschaft hätte ich gerne für einen
Trunk Wassers gegeben, nicht klaren frischen Quell=
wassers, nein, ich hätte mich mit dem Wasser einer
Kothpfütze begnügt; doch auch dies konnte ich nicht er=
halten, gleichwohl die Schläuche der Araber noch welches
enthielten.

Der heiße Wüstensand bedeckte linienhoch mein von
Schweiß triefendes Gesicht und bildete eine harte Kruste;
in den Augen, die roth unterlaufen waren, brannte der
heiße Staub wie Feuer, die Lippen waren kaum aus=
einanderzubringen, sie klebten zusammen, die Kehle war
trocken wie Holz, die Zunge war kaum mehr zu be=
wegen, in den Eingeweiden brannte es fürchterlich. So
mußte ich 14 lange, mir eine Ewigkeit dünkende Stun=
den schmachten; oft fiel ich regungslos nieder und wollte
nicht mehr weiter ziehen, doch im nächsten Momente
raffte ich mich ohne Willen mechanisch auf und schleppte
mich weiter im glühenden Sande, der bis an die Knöchel,
stellenweise an die Waden reichte. Die Liebe zum Leben,
der Selbsterhaltungstrieb ist eben groß, und so lange
ein Fünkchen Kraft im Körper wohnt, sucht sich der
Mensch vor dem Untergange zu retten, denn wahrhaftig,
der Tod in dieser Gestalt mag wohl den muthigsten
Mann verzagen machen; ich fühlte es wohl in mir,
und ich muß gestehen, mit schrecklicher Bangigkeit. Ich
erlebte heftige Stürme auf dem Meere, im Caraiben=

meere entging ich nur knapp dem Tode des Ertrinkens, doch im Vergleiche zu meiner jetzigen Situation schien mir jene noch rosig.

In weiter Ferne im Süden glitzerte es hell im Sande, ich glaubte eine große Wasserfläche zu sehen, indessen war es die große, mit dichten Salpeterkrhstallen bedeckte Ebene des wasserlosen Schott esch Schergi. Martervoll ist in der Wüste ein solcher Anblick, die Entfernung scheint kaum der Rede werth, und doch, nach stundenlangem anstrengendem Ritte ist das Object um wenig nur näher gerückt. Die Erzählungen mancher Reisenden von allerlei phantastischen Luftspiegelungen mit Palmenwäldern, Thürmen, Palästen glaube ich mit Bestimmtheit als übertrieben bezeichnen zu können, sie werden jedesmal der Phantasie des Reisenden entsprungen und mit großem Bombast geschildert sein. Auf der ganzen Reise in der Wüste hatte ich nie Gelegenheit, eine Fata morgana zu sehen, in manchen Fällen reducirte sich eine scheinbare Luftspiegelung auf Sinnestäuschung.

Ich hatte endlich den Lagerplatz erreicht und fiel hier beinahe ohnmächtig nieder; der brennende Durst ließ mich jedoch nicht lange ruhen, sondern ich eilte zu dem hier 2 bis 3 Meter tiefen Brunnen und schöpfte einiges Wasser. Entsetzliche Täuschung! Das Wasser war so gesalzen, mit Kameelmist und allerlei Ingredienzien verunreinigt und stank derart, daß ich es nicht über die Lippen bringen konnte; ich irrte zu einem andern und fand endlich einigermaßen genießbares, immerhin aber fürchterlich gesalzenes Wasser. Mit gieriger Hast schlürfte ich es, doch der große Salzgehalt desselben erregte in kurzer Zeit wieder denselben Durst.

Wir brachen des nächsten Tages in der frühesten Morgenstunde auf, um in der Hitze des Tages nicht so lange reisen zu dürfen. Bald nahm die Gegend ein verändertes Ansehen an; der Boden war loser Sand

von röthlicher Farbe, die Ebene mit Büschen drei bis
vier Fuß hohen Grases (ähnlich unserem Riedgrase),
mit dornigen, grünen, niedrigen Sträuchern von eigen=
thümlich penetrantem Geruche (vom Salzgehalte der
Pflanzen herrührend) bedeckt; es sind dies die Halfa=,
Dommrahn=, Sith= und Ikithzpflanzen, die in dem
größten Theile der Wüste die einzige Bedeckung des
Bodens ausmachen und ausgezeichnetes Kameelfutter
abgeben.

Ich mußte den wunderbaren Instinct der Kameele
oft bewundern, mit welchem sie, besonders wenn sie schon
lange nicht getränkt wurden, die Nähe des Wassers
wittern. Wir waren noch 6 bis 7 Stunden von dem
nächsten zu erreichenden Halteplatz entfernt, die Kameele
zeigten jedoch das Vorhandensein von Wasser auf dem=
selben und die Richtung, in welcher dieses liegen mußte,
durch ihr unruhiges Benehmen schon an. Sie waren
nicht zum Stillstande zu bewegen, im Gegentheile ver=
fielen sie zeitweise in einen mäßigen Trab, wobei es
aber mit dem besten Willen nicht möglich war, sich
oben zu erhalten; wie ein Ball wurde ich auf und ab
gestoßen, so daß ich es zuletzt vorzog, abzuspringen und
zu Fuße zu gehen. Ihren langen Hals streckten sie dabei
fast wagrecht in der Richtung des zu erwartenden Was=
sers vor.

Wir erreichten die nächste Lagerstelle bald; ein
kaum bemerkbarer Wasserfaden schlängelte sich in der
Ebene fort, das breite Rinnsal mit seinen zerrissenen
hohen Uferrändern verrieth jedoch, daß im Winter zur
Zeit der Regengüsse dasselbe mit Wasser gefüllt sei.
Unweit des kleinen Web Süf auf einem Sandhügel
standen die Ruinen einer Redoute, die traurigen Zeugen
einer bedauerlichen Katastrophe, bei welcher die Be=
satzung derselben, zwei Compagnien Zuaven, von den
Arabern überrumpelt wurden und einen schrecklichen Tod
fanden; die Colonne, welche die Besatzung ablösen sollte,

fand nur mehr die vom Rumpfe getrennten Köpfe der
armen Opfer arabischer Grausamkeit. Und solche zer=
störte Redouten und Caravanserails finden sich in der
algerischen Sahara ziemlich viele, an die meisten der=
selben knüpfen sich derartige traurige Erinnerungen.
Das Wasser war eigenthümlicherweise wieder schreck=
lich salzig, doch wenigstens klar und nicht übelriechend.

Im Verlaufe der nächsten Tagereise stießen wir
auf einen Trupp stattlicher, gutbewaffneter Reiter, die
nordwärts nach Frendah zogen; es waren Gums, Leute
des Aga von Frendah, in französischem Solde stehend,
jedoch keine Kriegsdienste verrichtend, eine Art Wüsten=
gendarmerie zur Sicherung der Caravanenstraßen; doch
ist der Ehrlichkeit dieser Herren nicht zu trauen, indem
es nicht selten geschieht, daß sie zeitweise bei günstiger
Gelegenheit ihre Pflicht vergessen und selbst Räuber
werden und sich von den Reisenden kleine Andenken
erbitten, die man ihnen, gutwillig oder gezwungen, geben
muß, wenn das Leben einem werth ist. Ich hätte gerne
dem Führer derselben mein Leid geklagt, um den schur=
kischen Ben Abballah der verdienten Strafe zuzuführen;
ich überlegte mir die Sache und unterließ es, denn
nach vier Tagereisen hatten wir den letzten französischen
Militärposten Géryville hinter uns und die Wüste vor
uns, und ich war in seiner Gewalt, die er in der schlimm=
sten Art hätte ausbeuten können. Wiederholt sah ich in der
Umgegend große Heerden Schafe, die hier auch den ein=
zigen Reichthum des Arabers bilden und deren Wolle,
zuweilen auch deren Fleisch auf den Markt von Saïda,
Mascara und Tlemcen gebracht werden. Abgesehen ein=
zelner zerstreuter Duars, deren Insassen, wenn der Weide=
platz abgefressen ist, das Zelt abbrechen und neue Plätze
beziehen, ist die ganze Umgegend bis an das Gebirge
gänzlich unbewohnt.

In der folgenden Nacht wurde ich durch ein un=
mäßiges Geschrei aus dem Schlafe geweckt; ich sprang

auf, griff nach dem Hahne meines Revolvers und stürzte aus dem Zelte; ich gewahrte ein seltenes Schauspiel: die ganze Ebene bis an den Horizont war ein Feuer= meer, nur im Osten waren noch dunkle Streifen sicht= bar; die Leute schrien unausgesetzt, die Kameele geber= beten sich wie rasend, ich hatte kaum Zeit mich zu fassen, als ein Trupp von dreißig bis vierzig Reitern mit stetem Schreien auf uns zusprengten und ihre Gewehre auf die Caravane abfeuerten; als sie unsere Ueberzahl und gute Bewaffnung gewahrten, von welcher wir auch den besten Gebrauch machten, warfen sie ihre Rosse herum und waren ebenso schnell verschwunden, als sie gekom= men waren. Wie ich nachträglich erfuhr, waren es plündernde, versprengte Tuareg aus dem Süden der algerischen Wüste, welche, auf Raub ausgehend, die kleinen Caravanen brandschatzen und oft in der Zahl von 3 bis 400 Reitern es nicht scheuen, die französischen Posten zu attaquiren, meistens aber mit dem Verluste einiger Leute und Pferde unverrichteter Sache zurück müssen. Sie hatten sich offenbar getäuscht und glaubten viele Pferde erbeuten zu können, denn Pferde- und Waffendiebstahl steht in der Wüste zu jeder Zeit in größtem Flor. Sie hatten zum Behufe der unbemerkten Annäherung das leicht entzündliche trockene Halfa an= gezündet und hofften bei der dadurch hervorgerufenen Verwirrung einen guten Fang thun zu können, indessen war ihr Versuch glücklicherweise mißglückt. Ein interes= santes Schauspiel gewährten jedoch bei dieser Gelegen= heit die vorüberjagenden, vom Feuer aufgescheuchten Schakale und Hyänen; hie und da eilte mit Windes= schnelle eine schlanke Gazelle und Antilope an uns vor= über, während ganze Schwärme von Springratten mit riesigen Sprüngen sich flüchteten. Von unserer Seite hatten wir keinen Verlust von Menschenleben zu be= klagen, wohl aber verloren wir ein Kameel, das ge= troffen war, und mußten dasselbe, nachdem die Leute es abgehäutet hatten, den Hyänen zur willkommenen Beute überlassen.

In den nächsten Tagen kamen wir dem Djebel Ksel, einem Gebirge von ziemlicher Höhe, immer näher; nach meiner Orientirung mußten wir, bald Géryville erreicht haben, doch war die Richtung des Weges, den wir nunmehr eingeschlagen hatten, in Widerspruch mit der Lage des Ortes. Meine Vermuthung, daß Ben Abdallah es meiden würde, Géryville zu berühren, aus Furcht, die Matraque auf seinem Rücken verspüren zu können, fand ich bald bestätigt.

Wir bekamen bald den Djebel Ksel in unseren Rücken, und ich konnte nun auf neue Neckereien und Quälereien rechnen, die auch nur zu bald an mir ver= übt wurden. Vor allem Anderen zwang er mich zu neuer Zahlung von 40 Francs, da er, wie er versicherte, sonst nicht für mich einstehen könne, der großen Un= sicherheit wegen; für das Kameel mußte ich ebenfalls eine Nachzahlung leisten, indem er angab, daß die La= dung des gefallenen Kameels sonst auf meines gepackt werden müßte; bei jeder Gelegenheit ließ er es an neuen Chicanen nicht fehlen und suchte auf jede mög= liche Weise Geld von mir zu erpressen. Bald sollte das Aergste kommen.

Wir befanden uns nun seit zwei Tagen in dem Gebiete der Ulad Sibi Scheik's in der Oase Ksur und lagerten an der Quelle Aïn Tarek. Nach 14 Tagen erlittener, schrecklicher Durstesqualen trank ich hier das erste klare, gute, trinkbare Wasser. Ich konnte mich nicht satt trinken und jetzt mundete mir das Wasser besser, als je ein Trunk Liebfrauenmilch oder Cliquot es gethan hätte.

Die Gegend gewann ein minder trostloses Aus= sehen; zahlreiche Oleanderbüsche, zerstreute Telalibäume gaben der von zahlreichen trockenen Flußbeeten (Wadi's) durchzogenen Ebene ein belebteres Aussehen; mancher der Wadi's führte einiges trinkbares Wasser, aber nur spärlich; größere und kleinere Felsblöcke lagen zerstreut umher, über welche das kleine Chamäleon hurtig lief, aus den zahlreichen Erdlöchern huschten schön grün ge=färbte Eidechsen von 8 bis 12 Zoll Länge (vom Kopf bis zur Schwanzspitze), die hier ein geschätzter Lecker=bissen sind. Die Kameele fanden in der grünen Halfa= und Domrahnebene reichliches Futter.

Interessant ist hier das Aussehen der Berge; wäh=rend die Nordseite mit dichtem Halfa und Domrahn bedeckt ist, aus welchem streckenweise verkrüppeltes Nadel=holz emportritt, tritt auf der Südseite das kahle nackte Gestein zu Tage, keine Spur von Vegetation findet sich daselbst. Diese Erscheinung findet in dem heißen staub= und sandführenden Wüstenwinde (Samum, Scirocco), der hier anprallt und den größten Theil seiner Sand= und Staubmassen fallen läßt, ihre Erklärung.

Am vierten Tage, nachdem wir Djebel Ksel pas=sirt hatten, kamen wir nun an den Wadi Benut, ge=bildet durch den Djebel Tismert im Osten und Djebel Biluk im Westen. Der Fluß war ziemlich wasserreich, die Gegend bekam ein freundliches Aussehen von eini=gem Reiz, indem am Saume und in der Nähe des Wassers Dattelpalmen und Feigenbäume, Johannisbrod und Pistazien gediehen, riesige Telalibäume ihre Zweige ausbreiteten und kühlen Schatten gaben. Auf der Ebene im Osten des Wadi hingegen war das Aussehen ein trostloses; spärliche Halfapflanzen wucherten zwischen dem allenthalben herumliegenden Gerölle, das auch gefähr=liche Individuen beherbergte, große (bis 2 Zoll) Skor=pione, deren Stich, besonders zur Sommerzeit, giftig ist. Die Araber zerreiben den Skorpion gleich auf der von ihm erzeugten Wunde, es soll dies das beste Heilmittel sein. Ich war so glücklich, nie von einem verwundet worden zu sein, doppelt, weil ich mich öfters überzeugte, wie Leute, die einen Skorpionstich erhielten, rasend und toll im Kreise herumtanzten und der Schmerz ein fürchterlicher sein mußte.

Immer weiter nach Süden zog die Caravane, die Duars mehrten sich, bald kamen wir nach Ksor Ibrahim, ein Araberdorf, aus 30 bis 35 Zelten bestehend, vom Stamme der Uled Tibohur bewohnt; sie brachten uns frische Datteln, Schafmilch und Butter, Feigenbrod und Kuskus. Nach ziemlich geraumer Zeit großer Entbehrungen konnte ich ein ordentliches, wenn auch einfaches Mahl zu mir nehmen, es erquickte mich sichtlich. Während ich wieder mit der Besserung der Zustände frohen Muthes wurde, zog über meinem Haupte ein Ungewitter auf, das früher als ich ahnte, über mich losbrach. Der verrätherische Schurke spielte seine letzte Karte aus.

Wir waren am folgenden Tage von Ksor Ibrahim aufgebrochen und hatten vier Stunden Wegs zurückgelegt, als Ben Abdallah auf mich zukam und mich aufforderte, keinen Schritt weiter zu thun. Er erklärte mir rundweg, mich nicht weiter führen zu wollen und bestand hartnackig darauf; auf meine Einwendungen, Vorwürfe von Wortbrüchigkeit, Verrath und Ehrlosigkeit erwiederte er mir mit der Pantomime des Halsabschneidens. Was konnte ich in meiner Lage anderes thun, als mich fügen, so schrecklich es für mich war; meine ganze Hoffnung bestand darin, ungefährdet Géryville zu erreichen.

Immer weiter entfernte sich die Caravane, nachdem mir das Kameel abgenommen wurde; ich stand allein und verlassen unter wilden räuberischen Stämmen. Wie konnte ich darauf rechnen, nach Géryville zu gelangen, ohne von raubgierigen Arabern angehalten zu werden; bis dahin waren es 7 starke Tagereisen. Ich schritt ohne jede Willenskraft mechanisch vorwärts und erreichte Ksor el Benut. Meine Befürchtungen wurden gänzlich zurückgedrängt, als ich im Duar des Chefs

von Benut die gastfreundlichste Aufnahme fand; Bu-
Chaluf, der Chef von Ksor el Benut, ein würdig aus=
sehender, wohlhabender Mann, versprach mir, nachdem
ich ihm meine Leiden erzählt, das schurkische Benehmen
des Führers Ben Abballah geschildert, seinen vollen
Schutz und seine weitgehendste Gastfreundschaft, die ich
·durch drei Monate genoß. Er wurde mir und ich ihm
so gewogen, daß ich ihm jetzt noch das freundlichste
Andenken bewahrt habe, und es dadurch am besten zu
zeigen glaube, daß ich diese Zeilen veröffentliche. Er
war einer der wenigen Araber, die ich schätzen und
ehren lernte, und der mir zeigte, daß es auch in der
Wüste unter fanatischen Christenfeinden gutherzige edle
Menschen gäbe, in deren Schutz man sich ohne Sorge
begeben könne. Ich verdanke ihm mein Leben und die
Freude, meine Heimat, das liebe Europa, das Grab
meines Theuersten, meiner Mutter, wiedergesehen zu
haben.

Den ehrvergessenen Ben Abballah ereilte, ehe ich
es gedacht, der Lohn seiner schändlichen That; einige
Tage nach meiner Aufnahme im Duar des gast=
freundlichen Bu=Chaluf kam die Nachricht nach Ksor el
Benut, daß unweit Ksor el Mertib, 3 Tagereisen süd=
licher, die Caravane von einem Trupp räuberischer Tuareg
angefallen und theilweise geplündert worden sei, der
Führer derselben aber getödtet wurde. Dieses aber war
Ben Abballah!

Drei Monate unter den Alad-Sidi-Scheich's.

———

Mein Aufenthalt in Ksor el Benut sollte länger dauern als ich geglaubt hatte; in steter Erwartung einer Gelegenheit zur Rückreise nach der Küste verstrichen drei Monate. Während dieser Zeit genoß ich in unvermindertem Maße die vollste Gastfreundschaft Bu-Chaluß, und ich glaube mit der wahrheitsgetreuen Schilderung meines Aufenthaltes in diesem interessanten Theile der Erde, der Pflicht der Dankbarkeit gegen meinen edlen Hauswirth am besten nachzukommen.

Ich will es nun, so weit ich es vermag, versuchen, ein möglichst anschauliches Bild der Verhältnisse und sittlichen Zustände zu geben. Es wird gewiß nicht überflüssig erscheinen, eine kurz gedrängte Darstellung der Bodenverhältnisse des Landes zu geben und daran einige Worte über die Bevölkerung der Oase im Allgemeinen hinzuzufügen.

Südlich der unter verschiedenen Namen als: Djebel Ksan, Djebel Ksel, Djebel Tamlelt u. s. w. von West-Süd-West nach Ost-Nord-Ost streichenden Kette des Atlas, welche die südliche Grenze der Hochebene der Schott's bildet, dehnt sich die Oase Ksur aus, eine von zahlreichen, im Sommer wasserlosen Flußthälern (Wadi's) durchzogene, steinige, wellenförmige Ebene von ziemlicher absoluter Erhebung, die in ihren einzelnen Theilen von ziemlich ausgedehnten, 100—300 Fuß hohen Sandhügeln durchzogen ist. Nur in den selbst im Sommer wasserführenden Flußthälern (Rinnen) sproßt eine subtropische Vegetation aus dem Boden hervor und labt

das sonst an Sand gewöhnte Auge. Während die Ham=
mada (Hochebene) eine äußerst dürftige Vegetation auf=
weist, gewährt die Landschaft in den wasserführenden
Wadi's (Flußthälern) ein überaus freundliches Aussehen,
das mitunter reizend genannt werden kann. Natürlich
darf man dabei nicht an die Tropen denken. Kommen
in der Hammada nichts anders als ausgedehnte, mit
Halfa=, Dommrahn=, Jbith= und Schihtpflanzen bedeckte
Strecken vor, wovon besonders die letzte Pflanze das be=
liebteste und beste Kameelfutter abgibt, und nur an
feuchteren Stellen in den Wadis, die, wie vorhin er=
wähnt, meistens (im Sommer jederzeit) trocken sind,
zerstreute Rbhom= und Ghetufstauben fortkommen, so
ist die Vegetation in den bewässerten Flußthälern eine
ziemlich reiche und mannigfaltige. Das bei Kjor el Benut
ziemlich breite Thal des Web Benut birgt ansehnliche
Dattelpalm= und Feigenpflanzungen, ausgedehnte Gärten,
in denen Gemüse aller Art, z. B. rothe und gelbe Rübe,
Kohl, Petersilie, Pastinaken nebst Sennakräutern gepflanzt
werden und ein ziemlich geschmackvolles Nahrungsmittel
hier abgeben.

Oestlich und westlich des Kjors erheben sich Berge
(im Osten Djebel Tismert, im Westen Djebel Arschb)
von eigenthümlichem schroffen, zerrissenen Ansehen, mit
spärlichem Halfa bedeckt.

Die Bewohner des Kjor el Benut, der nebenbei
gesagt, aus 50 bis 60 Zelten und 4 aus Lehm (mit
Stroh und Steinen vermischt) gebauten, mit Halfa und
Telaliblättern gedeckten niedrigen Häusern besteht, sind
vom Stamm der Ulab=Temenin, Abkömmlinge des großen
Stammes der Ulab=Sibi=Scheichs*), welcher über die
Oase Ksur und den angrenzenden Gebieten verbreitet
ist, dessen Abkömmlinge sogar in der Oase Tibikelt und
in Marocco hie und da sich ansässig gemacht haben.

---

*) Ulab-Sibi-Scheich, ein Collectivname.

Die Ulab-Sibi-Scheich sprechen durchwegs arabisch, doch
sind einige von ihnen, besonders im südlichen Theile
der Oase Kfur, des Schellah, im Wadi el Chebir und
im östlichen Theile der Oase Figig des Berberischen
mächtig. Dem Glauben nach sind sie Mohamedaner
und halten ziemlich genau die Vorschriften des Koran
ein, nach Mekka pilgern sie jedoch selten. Bis zur Stunde
sind sie die erbittertsten Feinde der Franzosen, und obwohl sie denselben unterstehen und tributpflichtig sind,
muß Frankreich sich den Tribut mit Gewalt holen.
Werden auch die Ränke und Umtriebe gegen die Franzosen in Algerien vorzüglich in Tuaf und Tibikelt ge-
schmiedet, die Ulab-Sibi-Scheich bieten den Stämmen
der genannten Oasen im Süden der algerischen Sahara
immer bereitwilligst ihre Hilfe bei Ausführung eines
beabsichtigten Einfalles in französisches Territorium.
Als im Jahre 1864 der Chef der Ulab-Sibi-Scheich,
Si Sliman Sibi Hamsa den großen Aufstand gegen die
Franzosen organisirte, stand das ganze Land unter seiner
Führung in Waffen, und die Franzosen hatten keine
geringe Mühe, ihn zu unterdrücken. War es vorzüglich
religiöser Fanatismus, der diesen herbeiführte, so wurde
auch deshalb Sidi Hamsa, der im Verlaufe des Auf-
standes fiel, als ein Märtyrer, der für die Sache des
Glaubens focht und starb, hoch verehrt; sein Andenken
lebt unter den Leuten in vielen Gesängen fort.

Und nun zu meinen Erlebnissen in Kfor el Benut.
Die gänzliche Abspannung meiner Kräfte, die erlittene
Unbill, waren die Veranlassung zu einem derartigen
Schwächezustand, daß ich am nächsten Tage meiner
Aufnahme im Duar Bu-Chalufs mich vom Lager nicht
erheben konnte und durch eine volle Woche das Zelt
nicht verließ.

Endlich durch die sorgsame Pflege der Leute des
Scheichs gänzlich hergestellt, konnte ich bald mich einer
Beschäftigung unterziehen. Während meiner kurzen

Krankheit hatte Bu-Chaluf sich in der uneigennützigsten
Weise mir gewogen gezeigt, mich mit Aufmerksamkeiten
jeder Art überhäuft; es mußte daher mein Erstes sein,
ihm jetzt meinen tiefgefühlten Dank zu erstatten, dem
ich ein Geschenk von einigen 20-Francsstücken beifügte,
das er auch gerne annahm, denn alle Araber sind große
Freunde von Geschenken, besonders von Geld, das ihnen
doppelt und dreifach gilt.

Bu-Chaluf hatte, sowie die meisten der Leute im
großen Stamme der Ulad-Sidi-Scheichs, nur eine Frau,
indem eine zweite Frau zu erhalten ihnen zu kostspielig
kömmt; doch halten sich die Begüterten gedungene Weiber zur Verrichtung der häuslichen Arbeit. Ueberhaupt
ist die Stellung des Weibes bei allen Arabern eine
nicht beneidenswerthe; während der Mann sich den süßen
Freuden des dolce far niente hingibt und höchstens
bei Gelegenheit eines Nationalfestes sich einigermaßen
herausputzt, um mit Anzug und Waffen zu glänzen,
ist die Frau mehr Sclavin, indem sie nicht nur alle
Arbeiten verrichten muß, die im häuslichen Leben
des Arabers vorkommen, so z. B. die Zubereitung
des Kuskus, das Melken der Ziegen und die Butter-
bereitung, die Versorgung des Zeltes mit Wasser
u. s. w., sondern dabei auch von allem geselligen Leben
des Mannes ausgeschlossen ist, ja nicht einmal mit ihm
aus einer Schüssel essen, sondern erst dann ihren
Hunger stillen darf, wenn der Mann gesättigt ist, was
jedoch bei der großen Genügsamkeit des Arabers bald
geschehen ist.

Hier wie überall in der Wüste gehen die Frauen
unverschleiert, so daß man ihre Physiognomien ganz
gut ausnehmen kann.

Mein Wirth war, wie gesagt, ziemlich wohlhabend
und genoß auch deshalb, nicht nur seiner Stellung als
Scheich wegen, großes Ansehen. Besonders stolz war er
auf seine Waffen, die sämmtlich mit Silber reich be-

3 *

schlagen waren, und auf sein Pferd, ein edles kräftiges
Thier, das er, wie er mich versicherte, mehr als sein
Weib liebte. Zahlreiche Schafe und 20 Kameele nannte
er sein Eigenthum, in seinen ausgedehnten Gärten am
Wed Benut hatte er mehr als 500 Dattelpalmen, deren
Pflege, sowie die Bearbeitung des ganzen Gartens,
einigen Sclaven (Abkömmlinge von Negern, wie ihr
krauses Kopfhaar verrieth) anvertraut war.

Als ich in der Heimat immer gerne und mit in-
nigem Interesse die Geographie des afrikanischen Con-
tinents zum Gegenstande meiner Studienpläne machte,
und mein Auge ahnungslos über die Karte der algerischen Sahara glitt, wie hätte ich es damals ahnen
können, daß ich einige Jahre später in diesen Gegenden
Schafe und Kameele hüten sollte, denn dies war zuweilen meine Beschäftigung im Laufe meines Aufenthaltes. Der Mensch denkt eben — und die Araber
lenken.

Die verhältnißmäßige Wohlhabenheit der Ulad-
Sidi-Scheichs erhält in der Art und Beschaffenheit
ihrer Zelte die beste Bestätigung; während die Duars
vieler, besonders Berberstämme im Westen der Oase
Ksur, aus bloßem Bast der Rhompflanze bestehen, ist
das Zelt der Ulad-Sidi-Scheichs aus Wolle und Kameel-
haaren gearbeitet und gewährt vollkommen Schutz gegen
Sonne und Regen, obwohl bei heftigen Regengüssen
das Wasser durchdringt.

Gibt der Verbrauch an Seife einen Gradmesser
für die Stufe der Cultur, auf welcher das Volk steht,
so müssen die Ulad-Sidi-Scheichs auf eine der untersten
Stufen zu stehen kommen, denn Seife ist hier ein seltener Artikel und wird von Tlemcen hieher eingeführt.
Wenn die Burnusse der Wohlhabenderen jedoch, trotzdem sie ohne Seife gereinigt, weiß werden, so mußte
ich dies um so mehr bewundern, als ich ihre Weise,
Wäsche zu waschen, sah; es geschieht dies nicht mit

den Händen, sondern mit den Füßen, indem der Be=
treffende das zu reinigende Kleidungsstück auf einen
größeren platten Stein in das Wasser des Wed legt
und nun mit den Füßen darauf in eigener Weise herum=
tanzt und gewöhnlich dabei Verse aus dem Koran singt.
In Puncto Reinlichkeit nehmen es die Leute hier
nicht genau und allenthalben haben die Burnusse der=
selben ein aschgraues und noch dunkleres Gepräge, und
trotzdem die Ulab=Sibi=Scheich als gute Muselmänner
die vorgeschriebenen Waschungen stets verrichten, sehen
die Leute entsetzlich schmutzig aus, besonders die Frauen
strotzen vor Schmutz, auf ihren Kleidern tummeln sich
allerlei Sechsfüßler und anderes Gethier herum; ein
Zoologe hätte ein reiches Feld zu Untersuchungen an
ihnen.

Besonders sind die aus Lehm gebauten Häuser voll
Ungeziefer (Wanzen), während in den Zelten man davor
sicherer ist, wo aber wieder die giftigen braunen Scor=
pione häufig sind; ungemein lästig sind aber die zahl=
losen Moskito's, die besonders in den Abendstunden und
in der Nähe der Dattelpalmen unerträglich sind.

Wie früher erwähnt, sind die Ulab=Sibi=Scheichs
gute Gläubige und halten streng an den Geboten des
Korans; als geistliches Oberhaupt erkennen sie den
Groß=Scherif von Uesan an; die Macht desselben in der
Wüste ist von der größten Ausdehnung; seine Inten=
danten (Emkadem) und Schürfa's und Fakirs durch=
ziehen die ganze Wüste und erheben Almosen für Uesan.
Gleich den Katholiken verehren sie zahlreiche Heilige,
worunter besonders Muley=Abballah=Scherif, Muley=
Thaib und Sibi el Habj el Arbi, der Vater des leben=
den Groß=Scherifs von Uesan, Sibi el Habj=Abfalom, die
bedeutendsten sind. Si Sliman Sibi Hamfa wird von
ihnen hoch verehrt.

Den Vorschriften des Korans gemäß fasten sie im
ganzen Monate Rhamabam, wobei sie nur Datteln

genießen, Fleisch verbietet der Koran bis auf den Genuß von Schaffleisch, das jedoch selten genossen wird; bei Gelegenheit besonderer Feierlichkeiten, Nationalfeste, Hochzeiten, wird dasselbe jedoch mit Kuskus in großer Menge verzehrt.

Als Unterthanen des Scheriffs von Uesan (in Glaubensangelegenheiten) tragen sie in ihrem Rosenkranze einen messingenen Ring und sind außerdem mit zahlreichen Amulets versehen, die sie um die Mitte des Leibes an Bändern tragen.

In ihrer Tracht gleichen sie den übrigen Arabern viel; sie bekleiden sich mit eigener Vorliebe mit braunen und schwarzen Burnussen, überhaupt zeigen sie für bunte Stoffe Interesse; ihre Weiber kleiden sich in weiße wollene Haiks und tragen in den Haaren, an Händen und Füßen Silber- und Kupferketten, Spangen und Ringe, auch tätowiren sich die Frauen gerne auf den Wangen, dem Kinne und der Nase, zuweilen auch an den Waden.

Obwohl es gegen die muselmännische Sitte ist, sich um das Befinden der Frauen und Töchter zu erkundigen, so ist es sehr oft der Fall, daß man daran gut thut, indem manche Frau über ihren Mann, wie bei uns in Europa, sehr häufig volle Gewalt hat.

Voll der größten Widersprüche, die in dem rohen Naturzustande der Leute ihre Erklärung finden, und nicht wie bei uns in der allgemeinen Demoralisation, sind die Sittlichkeitsbegriffe der Ulad-Sidi-Scheichs. Wenn Unzucht zu den seltensten Verbrechen gehört, die hier vorkommen, Ehebruch und Eheschändung zu den größten Seltenheiten gehören (mag wohl daher rühren, daß die Strafen und der Schimpf, welche den schuldigen Theil treffen, ungemein hart und schändend sind), so muß es Wunder nehmen, daß die Frauen doch ohne Scheu den Spielen der nackten Jugend, welche sich bei dem Klange und der eintönigen Musik des Tamtam in

den Abendstunden ergötzt, zusehen. Bei meinen wiederholten Ausflügen in die Umgebung, bei dem Besuche
der benachbarten Ksors el Geratta und Ain-Djelul sah
ich manch niebliches Gesicht, doch lange bleibt es nicht
so; bei dem Umstande, daß ich in Ksor Ain Djelul ein
verheirathetes Paar fand, das schon mit zwei Nachkommen gesegnet war, und wovon der Mann das 16.,
die Mutter das 14. Lebensjahr erreicht hatte, mithin
sich sehr früh verehlichen, welken sie auch schrecklich ab,
und verdienen im 30. und 40. Jahre ihres Lebens füglich den Namen einer alten Hexe. Das Recht des Mannes, sich noch bei Lebzeiten seiner ersten Frau mit einer
zweiten oder nacheinander mit mehreren Frauen zu ver-
ehelichen, ist nicht ohne schlimme Folgen. Die verstoße-
nen Frauen, deren oft mehrere in einem Zelte oder
Hause stets abseits des Ksor wohnen, ergeben sich nun
der Prostitution und so kommt es, daß auch die Wüste
ihre Demi-monde besitzt, deren Zubringlichkeit jener des
europäischen Continentes nichts nachgibt. Wenn nun
das „Jeune homme suivez-moi" einer Hadjela*) (so
heißen sie) nicht das Verlockende als jenes einer Cocotte
aus der Ruede Lorettes im Pays-latin haben mag, sondern es im Gegentheil bei einer derartigen Putiphar nicht
schwer ist, die Rolle des egyptischen Josef zu übernehmen,
so liegt dies vorzüglich darin, daß es selbst die heimischen
Leute so gut als möglich meiden, mit ihnen in Berüh-
rung zu kommen, ihres entsetzlichen Schmutzes und der
schrecklich entstellenden Tätowirung ihres Gesichtes wegen.
Unwillkürlich bekam ich stets einen unaussprechlichen
Ekel bei dem Anblicke einer solchen.

    Zarte Sitten sind eben hier unbekannt, und es ist
selbst in der gelindesten Art und Weise nicht möglich, ohne
Empörung, ohne Erröthen auch nur eine Andeutung der
hier gebräuchlichen barbarischen Sitten zu geben.

---

*) Witwe.

War Bu-Chaluf, mein Wirth, ein ehrwürdiger gut-
herziger Mann, der selbst als eifriger Muselmann keinen
Fanatismus mir gegenüber zeigte, trotzdem er wissen
mußte, daß ich kein Gläubiger sei, so konnte ich dies
von den andern Männern des Stammes nicht sagen;
war es ihnen möglich, bei meinen Ausflügen mich zu
schrecken, zu necken, so thaten sie es, ja einmal, glaube
ich, wäre es um mich geschehen gewesen, und nur durch
die Intervention des Sohnes von Bu-Chaluf wurde
ich aus einer peinlichen Situation befreit.

Bu-Chaluf, dem ich sagte, daß ich ein Deutscher
wäre, begriff zwar nicht, welcher Nation ich deßwegen
angehöre, doch war er zufrieden, als er darüber in
Gewißheit war, daß ich kein Franzose wäre, denn selbst
bei Bu-Chaluf war das bloße Wort genügend, um den
ruhigen, würdigen Mann in die unangenehmste Stimmung zu bringen, ja er erklärte mir, daß er mich nicht
länger unter seinem Dache behalten hätte, würde ich
dieser verhaßten Nation angehört haben.

Dieser im tiefsten Innern des Herzens begrabene,
unauslöschliche Haß der Leute fand darin seine Erklärung, daß die Franzosen auf ihren Razzia's nichts schonten, ja selbst alle Palmenbäume umhieben, in den Augen
jedes Arabers das größte Verbrechen; gibt ihm ja doch
die Dattelpalme Alles, was er braucht, Nahrung, Woh-
nung, Schatten vor der glühenden Hitze.

Bu-Chaluf war Vater und hatte einen Sohn, der
eben ins 18. Lebensjahr trat, ein stattlicher Mann von
herkulischer Gestalt und Kraft; er war ein treues Eben-
bild seines Vaters, die Freude und der Stolz nicht nur
seines Vaters, sondern des ganzen Kjors.

Gleich Bu-Chaluf war sein Sohn Ben-el-Kebir
mir gewogen; unter seinem Schutze, in seiner Begleitung hatte ich in der ganzen Dase nichts zu fürchten,
im Gegentheile erwies man mir in letzterer Zeit nicht
geringe Ehrfurcht; man nannte mich hier allgemein

Sidi-nemsi*), und indem ich an den Gebeten und Versammlungen, die alltäglich um 4 Uhr (l'asser) ihren
Anfang nahmen, theilnahm, trat auch der religiöse Fanatismus gänzlich zurück.

Die Versammlungen hatten stets einen eigenthümlichen Reiz für mich und trotzdem alle Tage dieselben
Verse des Korans gesungen wurden, bot mir das Ganze
immer neuen Stoff zu Betrachtungen. In einem der
aus Lehm gebauten Häuser traten die Männer um diese
Zeit zusammen und setzten sich mit unterschlagenen Beinen
in einem Kreise, worin der Chef, Scheich Bu-Chaluf,
die erste Stelle einnahm, indem er auf einer ausge-
breiteten Matte saß, während die übrigen auf der nackten
Erde kauerten. Der Marabut**), wir hatten eben keinen
Fakir des Scherifs von Uesan im Ksor, stellte sich in
die Mitte des Kreises und sang mit mächtiger Stimme
die Eingangsworte jedes Gebetes***) Lah ilaha il Allah
(Außer Allah kein Gott). Es ist dies der allgemeinste
Spruch in der ganzen Wüste, in dem man nach jeder
Gelegenheit, so bei der Ankunft in einem Ksor, beim
Abschiede u. s. w. ausruft, worauf der andere Theil,
der angesprochen wurde, erwiedert: Mohamet ressul ul
Lah (Mohamed ist der Gesandte Gottes). Nachdem der
Marabut mehrere Verse des Korans vorgebetet, und
die Anwesenden einige Rikats in den Bart hineinge-
murmelt hatten, traten einige Leute mit dem landesüblichen Tamtam (ein Holzreif von geringer Breite,
über welchen auf einer Seite ein Fell gespannt wird, worauf der Spieler mit den Fingern und abwechselnd mit
den Ballen der Hand schlägt) und einigen Schalmeien
vor und postirten sich im Hintergrunde des Hofes, ein
junger Mann trat nun in den Kreis und begann einige

---

*) Der deutsche Herr.
**) Marabut, eine Art geistlicher Personen.
***) Das gewöhnliche Gebet, ähnlich dem „Vater unser" der
Katholiken, ist der „Rikat".

Strophen aus dem Koran und aus den Gesängen zur
Verherrlichung des Scheichs Si Sliman Sidi Hamsa
vorzutragen, indem er eine Verszeile sang und nun die
Uebrigen unter obligater Begleitung des Tamtam und
der Schalmeien den Refrain dazu sangen. So eintönig
der Gesang ist, und so lange er währt (1 bis 2 Stunden),
für mich hatte er einen eigenthümlichen Reiz, ich ver-
säumte es nie, ihm beizuwohnen. Welche Anstrengung
das Singen eines arabischen Verses kostet, zeigte mir
das Gesicht und die Mimik des Sängers; es war, als
brächte er die Worte kaum über die Lippen, in höchst
komischer Weise verzog er dabei das Gesicht. In den
Pausen reichten die Frauen, die zu den Versammlungen
(während des Betens und Singens) keinen Zutritt haben,
frischen Kuskus, Datteln und Buttermilch herum. Nach
beendetem Gesange gingen die Leute aus einander und
zogen sich in ihre Duars zurück. Einige Abwechslung
brachten in mein einförmiges Leben einige Feste, denen
ich beizuwohnen Gelegenheit hatte.

Ben-milliah, der Sohn eines Marabut des benachbarten Ksor Aïn-Djelul, verehelichte sich mit der Tochter
eines Mannes, der im Rufe besonderer Wohlhabenheit
stand. Der Contract zwischen den Eltern der Braut-
leute war abgeschlossen, es konnte also zur Ceremonie
der Heirat geschritten werden.

Schon am Tage vor der anberaumten Hochzeit
waren alle Verwandten und Freunde, in den besten
Burnussen angethan, mit spiegelglänzenden Waffen, zu
Pferde und zu Fuß nach Ksor Aïn-Djelul gezogen und
wurden in den einzelnen Duars untergebracht. Nur der
Bräutigam war (nach hiesiger Sitte) für diese Nacht
nach Ksor el Benut zu einem Freunde gezogen und
mußte so lange dort bleiben, bis er abgeholt wurde.
In den späteren Morgenstunden herrschte in Ksor Aïn-
Djelul reges Leben; auf einem freien Platze vor dem
Ksor tummelten in der Erwartung des Scheichs die

Leute ihre feurigen Rosse und schrien, sangen bunt durch=
einander; endlich erschien der Scheich des Ksors in Be=
gleitung meines Wirthes Bu=Chaluf auf stattlichem
Pferde und nun setzte sich der Zug gegen Ksor el Benut
in Bewegung; unter stetem Singen erreichten wir end=
lich den heimischen Ksor; hier wurde nun der Bräuti=
gam in festlichstem Staate (er hatte vielleicht zum ersten
Male einen weißen reinen Burnus auf sich) auf ge=
schmücktem Rosse abgeholt und nun ging der Zug mit
Windesschnelle nach dem Ksor der Braut zurück. Am
Eingange des Ksor wurde gehalten, eine Anzahl Leute
mit Tamtam und Schalmeien hatten sich eingefunden,
hatten sich aber ruhig verhalten müssen, denn noch war
die wichtigste Ceremonie nicht beendet und nur bei der
Erfüllung gewisser Bedingungen konnte überhaupt von
einem Spiele die Rede sein.

Die Braut, die sich auch mit dem besten reinen
Haik angethan hatte, bekam der Bräutigam nicht zu
Gesicht; er mochte sie wohl schon früher gesehen haben,
mochte wohl vordem sich mit ihr verständiget haben,
mochte wohl manchmal sich mit der größten Lebens=
gefahr in den Duar seiner Braut geschlichen haben, um
die Betheuerungen seiner innigsten Liebe ihr darzubringen,
doch jetzt war sie im Duar ihres Vaters eingeschlossen
und harrte allein des Bräutigams. Dieser erschien denn
auch bald, von dem Vater der Braut und einigen Freun=
den begleitet, am Eingange des Zeltes. Nachdem er
hier noch die Bedingungen des Contractes zu halten
versprach, wurde er in den Duar eingelassen. Die Leute,
die Weiber, Alles verhielt sich ruhig. Nach einiger Zeit
trat der Bräutigam aus dem Zelte und machte ein
Zeichen mit der Hand, er deutete damit an, daß seine
Braut noch jungfräulich und die Ehe beschlossen war.
Im Nu ertönte ein fürchterliches Geschrei, ein endloser
Jubel brach sich in den Lüften, ein unaufhörliches Knat=
tern der abgeschossenen Gewehre gellte in den Ohren,

die Spieler schlugen erbärmlich auf ihre Instrumente. Unter stetem Gesange und Spiele wurde nun die Braut auf ein Pferd gehoben, und an der Seite ihres Bräutigams, nunmehrigen Gemahls, umgeben von den singenden Freunden, im Triumphe im Ksor umhergeführt, und während das Schießen, Schreien und Singen unaufhörlich die Lüfte erfüllte, in das Zelt des Mannes geführt, wo sie mit dem Augenblicke ihres Eintrittes zur Sclavin, zum Lastthier des Mannes wurde und von demselben höchstens dann besser behandelt wird, wenn er seinen Lüsten die Zügel schießen läßt und auf Nachkommen bedacht ist.

Die ganze Feierlichkeit, der ganze Lärm wäre aber unterblieben, wenn der Bräutigam das bestimmte Zeichen nicht gegeben hätte, alsbald wären die Leute ohne alles Singen auseinander gegangen, die Braut war nicht Jungfrau. Wie ich erfuhr, sei dies jedoch nicht oft der Fall. Die Ehe aber bleibt in jedem Falle giltig, doch nach den Vorschriften des Koran kann der Mann nach kurzer Zeit sich von seiner Frau scheiden, was manchmal und sogar oft geschieht, und indem er ihr Unfruchtbarkeit in die Schuhe schiebt, entledigt er sich auf die leichteste Art einer unliebsamen Frau.

Nicht lange nachdem dieses Fest vorübergegangen war, feierten wir das Nationalfest zu Ehren des verstorbenen Scheichs der Ulad-Sibi-Scheichs, Si Sliman Sibi Hamsa.

Da Bu-Chaluf, mein gastlicher Wirth, wie früher erwähnt, der Wohlhabendste im ganzen Wadi war, so kamen die Leute aus den benachbarten und selbst aus entfernteren Ksors aus Anlaß der Feier nach Ksor el Benut. Die meisten von ihnen waren beritten und in vollem Waffenschmucke. Reich mit Silber beschlagene Flinten, Pistolen, Säbel (ohne Scheide), Dolche sah man überall in der Sonne glitzern, die Wohlhabenden hatten sogar mit Silber belegte Steigbügel, die in ihrer eigenthümlichen Form sich besonders bemerkbar machten; die meisten der Leute hatten eine Art Stiefel aus roth gefärbtem Schafleder, an den Sandalen waren mittelst Riemen die ungeheuren, bis 5 Zoll langen, stachelför= migen Sporen (hie und da von Silber) befestigt. Die Leute formirten sich in Reihen, in den vordersten ritten die Ersten der Ksors, am rechten Flügel derselben der Standartenträger mit einer grün und weiß gefärbten, mit allerlei arabischen Inschriften versehenen Standarte.

Auf einem freien Platze unterhalb des Ksors begann nun die Festlichkeit, welche darin bestand, daß, nachdem der Marabut einige Gebete gesprochen und unter Be= gleitung des Tamtam einige Verse des Liedes zur Er= innerung an die Heldenthaten des verstorbenen Scheichs abgesungen hatte, sich die Reiter zu zwei und zwei auflösten und auf der Ebene im Wettrennen sich ergötz= ten, um die Schnelligkeit und Ausdauer ihrer Pferde, sowie ihre Gewandtheit und Kühnheit im Reiten dar= zuthun. Es war der erste nächste Duar des Ksors zum Ziele gesteckt, und nun begannen die Reiter paarweise aus einer Entfernung von 2000 Schritten auf das Ziel loszureiten. Im Sattel stehend, rasten sie pfeilschnell dahin, der Burnus flatterte dabei im Winde; während des Rittes luden sie mit großer Gewandtheit ihre Ge= wehre und unter stetem Ausrufe: Lah illaha il allah schossen sie, dem Ziele nahekommend, ihre Gewehre ab, nachdem sie schon aus größerer Entfernung auf einen gewissen Punkt gezielt hatten. Ein Paar folgte in dieser Art dem andern, während die Tamtamspieler unauf= hörlich auf ihre Instrumente lostrommelten.

Es war ein imposantes, herrliches Schauspiel, das sich meinem Gedächtnisse tief eingeprägt hat. Ich mußte immer die schlanken, stattlichen Reiter mit ihren aus= drucksvollen, vor Kriegslust und Tapferkeit strahlenden Gesichtern bewundern, wenn ich mir auch es nicht er= wehren konnte, daß der Gedanke nicht angenehm sei, dieselben zu Feinden zu haben. Die Pferde waren bei dieser Gelegenheit am schlimmsten weggekommen, denn manche von ihnen waren in den Weichen ganz zerstochen von den Stacheln der Reiter.

Den ganzen Tag sprach das Pulver, immerfort knallte und knatterte es, und nachdem schon die Reiter sich verzogen hatten, und sammt ihren Pferden bei den Einwohnern des Ksor untergebracht waren, hörte man bis spät in der Nacht noch das eintönige Tamtam und den Gesang der Leute, während die Fremden im gast= lichen Duar des Scheichs mit Hammelfleisch und Kuskus bewirthet wurden. Solche Festlichkeiten bringen in das einförmige Leben der Wüstenbewohner die angenehmste Abwechslung, und bedenkt man, daß in jeder Oase an= dere Heilige verehrt, das Andenken hervorragender Männer überall in gleicher Weise gefeiert wird, wo= bei die Einwohner eines Ksors zu jenen das die Feier begehenden stoßen, so sieht man, daß es an Aufhei= terung und Unterhaltung nicht fehlt, und bei den meisten derselben spricht das Pulver sehr viel.

Doch nicht nur bei Festen, oft spricht es in ernsten Angelegenheiten, was leicht erklärlich ist, da die ein= zelnen Stämme in steter Feindschaft unter einander leben, und bei jeder passenden, günstig scheinenden Ge= legenheit Repressalien für erlittenen Schimpf oder Nie= derlagen nehmen. Die Ulad=Sibi=Scheich sind als tapfer weithin bekannt, und sind selten von den umliegenden Stämmen bedroht, doch beunruhigen die Tuareg, diese Räuber der Wüste, manchmal ihre Ksors.

Das Leben in der Oase wäre doppelt angenehm, wenn es nicht eine Schattenseite aufweisen würde, die jede Illusion zerstört, die deutlich und eindringlich dar= auf hinweist, daß man trotz aller Palmen, Haine und Gärten denn doch in der Wüste wohnt. Es ist dies der schreckliche, glühend heiße, erstickende Wüstenwind, der Samum, auch Sahel genannt, der als Scirocco selbst in Sicilien seine erschlaffende Wirkung noch äußert. Ich erlebte während des dreimonatlichen Aufenthaltes einige Fälle eines solchen heftigen Samums; sein Nahen und Wüthen war stets ein Tag unsäglicher Pein.

Bei der Lage des Ksor el Benut im Wadi Benut, der eine nordsübliche Richtung hat, und zwischen zwei den Wadi bildenden Gebirgszügen, war er hier von ungewöhnlicher Heftigkeit.

Schon einige Stunden vor seinem Nahen ist die Luft so drückend, so schwül, daß es kaum möglich ist dem Schlafe zu widerstehen, und doch gelingt es einem nicht, in einen stärkenden Schlaf zu verfallen, da die Hitze unausstehlich ist; dabei trocknet die Kehle so aus, daß man das Wassergefäß nicht vom Munde bringt, eine allgemeine Erschlaffung sämmtlicher Sehnen und Muskeln bemächtigt sich des Menschen.

Bald sieht man in der Höhe die Atmosphäre mit blutrothen mächtigen Staubmassen erfüllt, die immer näher rücken, bis man endlich den feinen heißen Sand in Augen, Ohren, Mund und Nase verspürt. Stoß= weise bricht er nun herein, ungeheure Mengen rothen Staubes und Sandes mitbringend, die er überall, wo ein größeres Object hindernd im Wege steht, vor den= selben anhäuft; in kurzer Zeit sind die Zelte fußhoch im Sande begraben, der Fluß vom Sande bedeckt und das Wasser unsichtbar. Dabei ist es kaum möglich, einen Schritt weit vor sich zu sehen und bringt der Sand so in alle möglichen Risse, Poren, in die klein= sten Oeffnungen ein, daß es beinahe zur Unmöglich= keit wird, Sachen vor dem Sande zu schützen. Ich fand zwischen den einzelnen Bögen des Papiers, das ich unter einem dichten Burnus und Hemde auf der Brust trug, wobei ich mich im Innern des Zeltes noch mit einem Zelttuche vor dem Sande zu schützen suchte, große Mengen Sandes. Doch nimmt während des stürmischen Wehens des Windes die Hitze ab; nachdem er oft

5—6 und mehr Stunden gewüthet, hört er mit einem
Male auf.

Nach einem solchen Winde hat die Gegend ein
stark verändertes Aussehen, die Hammada ist in eine
Sandwüste ungewandelt, in welcher 40—50 Fuß hohe
Sandhügel auftauchen, die hier der Wind zusammen-
getragen, an anderen Stellen, wo früher 10—12 Fuß
hoher Sand gelegen, tritt das nackte Gestein zu Tage.
Mit unsäglicher Mühe müssen die Gärten und Pal-
menpflanzungen von massenhaftem Sande befreit und
das Bett des Flusses gereinigt werden. Doch sind so
heftige Winde nicht sehr häufig.

Wenn der Schweizer, der Tiroler nach seiner
Heimat, der herrlichen reichen, von der Natur mit allen
Reizen ausgestatteten Alpenwelt, Sehnsucht empfindet,
so wird dies Jedermann leicht begreiflich finden, wenn
aber der Sohn der Wüste, der unübersehbaren, geheim-
nißvollen, an Schrecken aller Art reichen Wüste, nach
ihr sich zurücksehnt, wenn er zeitweilig von ihr geschieden ist, wird Niemandem möglich erscheinen. Und doch
ist dem so. Der Araber, er liebt seine Heimat mit derselben Macht, wie der Aelpler, ihm geht nichts über
seinen heimatlichen Duar, und mag er selbst dort mit
Mühe sein kümmerliches Dasein fristen; sein Pferd,
seine Waffen, seine Geliebte machen ihm die Wüste
zum schönsten Land der Erde, aus welchem er nach
der Verheißung seines Propheten durch den Tod in das
Paradies gelangt. In seinen Liedern besingt er die Herrlichkeit und Pracht seiner Oase, preist die Güte, die
unaussprechliche Weisheit und Barmherzigkeit, Mitleid
und Allmacht Allahs und die Güte des Propheten,
dankt ihm bei jedem Trunke Wasser, der ihn labt
und gar oft vom sicheren, schrecklichen Tode rettet, lobt
Allah's Weisheit bei jeder Dattel, die ihn erquickt,
denn ohne dieselbe wäre er ein Unglücklicher. Manchen Versen seines Korans liegt der schönste erha-

benſte Gedanke zu Grunde, und wenn trotzdem der Fanatismus bei Manchen ſo weit geht, daß ſie dem Fremden die im Koran eindringlich gebotene Gaſt= freundſchaft nicht gewähren, oder verletzen, ſo liegt dies darin, daß dieſelben den Koran nicht kennen, oder eigennützige ſchurkiſche Fakirs ihn ſchlecht und einſeitig den Gläubigen auslegen.

Daß es ſelbſt unter den halbwilden braunen Wüſten= ſöhnen hochherzige, edle, der ſchönſten und erhabenſten Gefühle und Gedanken fähige, trotz ihrer ſonſt barba= riſchen Sitten ehrbare und hochzuachtende Männer gibt, davon gab mir mein Wirth, der Scheich von Kſor el Benut, Bu=Chaluf, den ſprechendſten Beweis, der weiter keiner Erläuterung, keiner Bemerkung bedarf und ſie auch nicht zuläßt.

Möge Allah es ihm lohnen, was er dem Fremd= linge Gutes erwieſen.

Nach dreimonatlichem Aufenthalte im Duar des gaſtlichen Scheich konnte ich bei Gelegenheit, daß der Scheich des benachbarten Kſor Aïn=Djelul mit einigen ſeiner Leute zu einem Verwandten nach El Abjob=Sidi= Scheich zog, mich ihnen anſchließen.

Wie konnte ich die nicht genug zu ſchätzende freund= liche Aufnahme im Duar Bu=Chalufs auch im Ge= ringſten nur lohnen? ich hatte außer einigen Louisd'or nichts, womit ich einigermaßen ein Geſchenk ihm hätte machen können. Obwohl ich noch weit von civiliſirten Menſchen war, und auf dem Wege zu ihnen noch manchmal hätte in die Lage kommen können, meine Waffe zu gebrauchen, glaubte ich am erſten ihm eine Freude, ein würdiges Geſchenk zu machen, wenn ich ihm meinen Revolver gab. Mit nicht zu ſchildernder Freude nahm er meine Gabe an, und empfahl mich auf das bringendſte dem Schutze des Freundes. Bei Androhung ſeines Zornes befahl er den Leuten, auf meine volle Sicherheit bedacht zu ſein.

4

Mit der Versicherung seiner steten Freundschaft und nachdem er den Segen Allah's über mich herab- gefleht, entließ er mich mit der Phrase „Allah acbar bis millah er-rhamam irharbim.*) Sein Sohn geleitete mich eine Tagreise weit und nahm dann auch Abschied von mir, mich seiner Gunst versichernd.

Glücklich ohne besondere Zwischenfälle erreichte ich El Abjob-Sidi-Scheich, wo ich mich nach einigen Tagen einer nach El Laghuat und weiter nach Algier ziehenden Caravane anschloß und nach 24 Tagen dort ankam. Wenn ich jetzt durch die Straßen der Donauweltstadt eile und das Treiben der vergnügungssüchtigen Masse mich wider- lich stimmt, so fängt sich manchmal in mir Etwas wie Sehnsucht zu regen an nach dem ruhigen, stillen Duar Bu-Chalufs im Ksor el Benut.

---

*) Gott ist der Höchste, im Namen Gottes des Allbarm- herzigen und Allmitleidigen.

Land! Welch magische Anziehungskraft übt nicht
dies kurze Wort auf alle Menschen aus, denen es vom
Mastkorbe eines Schiffes heruntertönt, wenn es der Ma=
trose nach langer Seefahrt über den unermeßlichen
Wasserspiegel des Oceans verkündet. Wie mit einem
Zauberschlage ist neues Leben auf dem Schiffe einge=
kehrt, aus Aller Augen leuchtet der Strahl wahrer Freude,
ist es ja doch bald gewiß, feste Erde unter sich zu fühlen,
dem schwankenden Boden des Schiffes „Valet" sagen
zu können. Gar, wenn das tückische Element sich un=
artig benommen, wenn es alle Galanterie und Etiquette
bei Seite schob und einige Tage sich in seiner Urkraft,
in seiner Majestät gezeigt, und die auf seinem Spiegel
dahingleitende Nußschale, das Machwerk der Menschen,
etwas unliebsam und unzart gerüttelt, wenn es, unbe=
kümmert aller Proteste und Vorwürfe, Klagen und Ver=
wünschungen der zeitweiligen Bewohner derselben, in
ihren Verdauungsorganen heillose Verwüstungen und Re=
volutionen und in Folge dieser mächtige Eruptionen
veranlaßte, dann wird um so sehnsüchtiger nach der
lieben Mutter Erde geschaut, und kaum landet das Boot
am Ufer, so springt man eiligst aus demselben und ist
froh, das Reich des ränkesüchtigen Neptun mit heiler
Haut verlassen zu haben.

Als Columbus, von Palos gegen Westen steuernd,
nach dem unbekannten aber angehofften Lande schiffte, welch'
überwältigende, stürmische Gefühle mochten sein Inneres
erfüllt haben, als der Matrose im Mastkorbe „Land"
unter die schon meuterisch gewordene Mannschaft rief;

4*

als er mit diesem Wörtchen sein Ringen, sein Streben, seine Aufopferung vom herrlichsten Erfolge gekrönt sah; ich glaubte davon eine leise Ahnung, eine unklare Vorstellung zu haben, als ich nach 32tägiger Fahrt die Umrisse der Insel Martinique aus dem Meere auftauchen sah; eine Insel jener Welt, die uns Columbus erschlossen.

Wir hatten die Rhede von Funchal verlassen, Belle Roche, der pittoreske Felsen auf derselben, entschwand unseren Blicken, bald war auch die ganze Insel im Meere versunken, ruhig glitt das Schiff über die Fläche, den Cours gegen die Antillen. Der frische Nordostpassat schwellte die Segel und vom herrlichsten Wetter begünstigt ging unsere Fahrt von Statten; wir waren nun nahe dem westindischen Inselkranze und konnten eine derselben, die Insel Martinique, bald in Sicht bekommen.

Versunken in die Betrachtung des Ocens, auf dessen Wasser wir dahinglitten, lehnte ich an der Vordwand und verfolgte mit ungetheilter Aufmerksamkeit das Tummeln der Delphine, die mich mit ihren wunderlichen Sprüngen ergötzten und unser Schiff schon seit einigen Stunden begleiteten.

Ein interessanteres Schauspiel, das die Matrosen auf die Backbordseite lockte, veranlaßte auch mich, meine Blicke dorthin zu lenken; eine Schaar fliegender Fische, welche von Zeit zu Zeit über der Oberfläche des Meeres erschien, bemühte sich, durch schnelle Kreuz- und Querzüge den sie hart verfolgenden Boniten zu entgehen. Ueberraschend war der Anblick, wenn sich die ganze Schaar mit eigener Kraft aus dem Wasser emporschnellte und einen Bogen von manchmal 10—15 Schritten in der Luft beschreibend, darnach wieder im Wasser verschwand. In den schönsten Farben glänzten bei diesem sich in kurzen Intervallen wiederholenden Manöver ihre Schuppen in der Sonne.

Mit ungeschwächtem Interesse verfolgte ich längere Zeit ihr Treiben und mein ganzes Sein war von diesem Schauspiele so gefesselt, daß ich den Ruf des Matrosen im Mastkorbe „Land auf Backbord" überhörte und erst durch die mit einem Male rührig werdende Schiffsmannschaft aus meinen Betrachtungen herausgerissen wurde und nun auch die Ursache dessen erfuhr.

Mit fieberhafter Ungeduld harrte ich der Stunde, in welcher ich das Land aus der Nähe betrachten konnte. Seit Madeira, das wir vor 24 Tagen verlassen, ging nun einmal wieder die Sonne über Land auf, und über welches Land! Wir machten 8 Knoten per Stunde und doch glaubte ich, daß wir stille stünden. Die Sehnsucht nach dem Lande, das vor unseren Augen lag, ließ mich nicht ruhen; troß der scheitelrechten Strahlen der Sonne, die das Verdeck des Schiffes glühend machten, blieb ich stets oben. Meine Ungeduld, meine Sehnsucht wird leicht zu begreifen sein, wenn ich das Object derselben nenne, wenn das ersehnte Land. eine Perle der Tropenwelt, eine Blume aus dem Inselkranze Westindiens, die kleine Antilleninsel Martinique war.

Schon in meiner frühen Jugend wirkte die Schilderung der Tropenwelt, jenes von der Natur so überschwenglich reich ausgestatteten Erdgürtels, mächtig auf mich ein und erweckte bald in mir einen unaussprechlichen Drang, diese Welt mit eigenen Augen zu schauen, gebar einen Funken, der angefacht durch fortwährende Nahrung bald zur hellauflodernden Flamme wurde, die später mit ungeahnter Macht alle hindernden Schranken zerstörte, alle mir unüberwindlich scheinenden Hindernisse besiegte und mir meinen sehnlichsten Wunsch erfüllte.

Wenn nun schon damals die Schilderung dieses Elysiums mich begeisterte, welcher Art mußten nun die meine Brust durchziehenden Gefühle sein, da ich mit jeder Minute dem Ziele meiner Wünsche und Bestrebungen näher rückte; gleichwie der Mann die lang

vermißte Geliebte, Braut oder Gattin stürmisch an seine
Brust drückt und dann an ihrem Herzen den Gefühlen
innigster Liebe freien Lauf läßt, wenn er wonnetrunken
alle ausgestandenen Entbehrungen und Leiden, die er
während seiner Abwesenheit von ihr, in einem Blicke
in ihr seelenvolles, liebe- und glückstrahlendes Auge
vergißt, ähnlich umfing ich im Geiste das heißersehnte
Eiland und hatte ob des Anblicks jede qual- und gefahr-
volle Seereise vergessen.

Anfänglich in dunkles Grau gehüllt, die Form ver-
schwommen, trat die Insel immer mehr und mehr hervor, die Contouren gewannen an Deutlichkeit, die Umrisse
des Gebirges grenzten sich bald scharf am azurnen Himmel ab und nicht lange währte es, konnte man die
genaue Form und Farbe der einzelnen Objecte deutlich
unterscheiden.

Unsere Brigg segelte wacker, begünstigt durch eine
frische Brise aus Nordost, auf Cap Harguin los und änderte
daselbst den Cours nach Westen. Nachdem wir die Süd-
küste doublirt hatten, kamen wir an dem Diamantfelsen
vorüber, der das südwestliche Cap der Insel bildet und
ein durch neptunische Gewalt vom übrigen Lande los-
getrennter, mit der üppigsten Vegetation bedeckter, eine
halbe Kabellänge von der Insel entfernter Felsen ist.

Bald war auch dieser Punkt umschifft und nun
bot sich uns eines jener herrlichen, mit Worten nicht
zu schildernden Panorama dar, an welchen die Tropen-
zone die größte Mannigfaltigkeit und den größten Reichthum aufweist.

Wir liefen in die Bucht von Fort de France ein,
eine der prächtigsten und geräumigsten Baien der Antillen, worin wohl die vereinigte englische Flotte bequem
in Schlachtordnung sich aufstellen könnte. Mit Ausnahme
der Westwinde ist sie gegen alle übrigen geschützt und
Schiffe vom größten Tiefgange können hier ruhig vor
Anker gehen.

Im Hintergrunde der Bai lag die schöne Stadt
Fort de France und im Rücken derselben die majestä=
tische, mit dichtem Urwald bedeckte Gruppe der drei
Piton's, welche wolkenumhüllt sich unseren neugierigen
Blicken entzog. Rechts und links der Stadt bemerkte
man ausgedehnte, prächtige Palmen- und Bananenhaine.
Sobald wir des Forts St. Louis ansichtig wurden,
hißten wir die zur Verständigung gebräuchlichen Flaggen
auf und verlangten den Lootsen, der auch alsbald eintraf
und uns in den eigentlichen Hafen bugsirte. Unterdessen
war es an Bord sehr thätig und lebhaft hergegangen,
die Taue und Brassen wurden geordnet, die Segel ein=
gezogen, das Verdeck rein gefegt, die Buganker zum
Fallen bereit gemacht, die Mannschaft zum Kabestan
beordert. In geschäftiger Eile hatten die Matrosen mit
sichtlicher Freude alle Arbeiten verrichtet. „Stop", rief
der wachhabende Officier auf der Brücke und zu gleicher
Zeit fuhren die Anker in die Tiefe; so gingen wir denn
um 2 Uhr Nachmittags nach 32tägiger Fahrt im Hafen
von Fort de France unter den Kanonen des Forts
St. Louis in 5 Faden Tiefe vor Anker.

Einige kleine, den Postdienst versehende Dampfer und
wenige französische und englische Barken lagen im Hafen,
unser schmucker Dampfer stach dagegen sehr vortheilhaft
ab. Eine gedrängte Zuschauermenge hatte sich an der Küste
eingefunden, denn das Einlaufen eines Schiffes ist für
die von der übrigen Welt ziemlich abgesperrten Insu-
laner immer ein freudiges Ereigniß, das einige Abwechslung in ihr einförmiges Leben bringt.

In kurzer Zeit war unsere Brigg von Booten
aller Art umstellt, worin vierschrötige Mulattinen ihre
Waaren und Früchte mit seltener Virtuosität anpriesen,
während andererseits eine Schaar nackter Neger und
Mulattenjungen sich daran ergötzte, Soussstücke, welche
man ihnen ins Wasser warf, vom Grunde heraufzuholen;
ein schallendes Gelächter belohnte den Sieger, denn so

mußte man jenen nennen, dem es gelang, die Beute
zu erhaschen, da sich diese Schaar Taugenichtse bitter
darum stritt.

Mit Erlaubniß des Capitäns betraten nun die
schwarzen corpulenten Verkäuferinnen das Verdeck und
in Bälde entspann sich ein lebhafter Handel; ein be-
täubender Lärm erfüllte die Lüfte, der durch die Aus-
gelassenheit der Matrosen und die kreischenden Stimmen
der anpreisenden Mulattinen und Creolinen hervorgerufen wurde.

Die Früchte und Getränke, welch' letztere sich jedoch
auf eine mit Melonen versüßte Limonade beschränkten,
schienen einen raschen Absatz zu finden, denn das vor
einer Weile noch spiegelglänzende Verdeck war bald mit
einem gräulichen Gemisch von Fruchtschalen aller Art
und Splittern der durch den Uebermuth der Matrosen
in Trümmer gegangenen Flaschen besäet, und fort langten
neue Ladungen der köstlichsten Früchte an. Doch dieses
Treiben fand auch sein Ende, denn die schrillende Hoch-
bootsmanns-Pfeife rief die Matrosen zum Appell und die
Jüngerinen Mercurs mußten, obwohl mit Widerwillen,
der deutlich auf ihren Gesichtern zu lesen war, den Bord
räumen. Händedrücke und sehnsüchtige Blicke wurden
noch mit den Matrosen schnell gewechselt, und man schied
nun mit der freudigen Zusage des Wiedersehens auf
Terra ferma.

Die Ordnung auf dem Schiffe ward wieder hergestellt, die im Dienste stehenden Officiere und Matrosen
begaben sich auf ihre Posten, während die übrige Mannschaft sich in den Armen Morpheus wiegte, und es ist
leicht zu denken, sich die rosigsten Bilder für die Vergnügungen des kommenden Tages ausmalte.

Ruhig lag nun unsere schmucke „Marie galante",
gekost von den plätschernden Wellen, die traulich an
ihren Rumpf schlugen. Die feierliche Stille der Nacht
ward nur durch den weithin erdröhnenden Hafensperr-

ſchuß und durch den von Zeit zu Zeit ertönenden, zur
Vorſicht mahnenden Ruf des wacheſtehenden Matroſen
am Bugſpriet unterbrochen.

Die Inſtructionen des Capitäns erlaubten ihm be=
hufs Einnahme von Kohlen und Proviant einen zehn=
bis zwölftägigen Aufenthalt, ein Umſtand, der mich ent=
zückte, da ich nun mit Muße Auge und Herz an dieſem
Paradieſe weiden konnte. Mit Anbruch des nächſten
Tages wurden die Boote in Stand geſetzt und mit
pochendem Herzen ſtieg ich ans Land.

Wohin die Schritte lenken! Die Wahl war ſehr
ſchwierig; indeſſen mußte ich doch vorerſt die Stadt und
ihre nächſte Umgebung kennen lernen. Bevor ich jedoch
einen Spaziergang durch die Stadt unternahm, folgte
ich der Einladung meines Capitäns und begab mich zu
einem Reſtaurant, wo wir mit friſchen Gemüſen und
Früchten der köſtlichſten Art bewirthet wurden, und
welche nach dem Vermiſſen jeder vegetabiliſchen Speiſe
während unſerer Fahrt doppelt trefflich mundeten. Nach=
dem wir noch einen Toaſt auf den Gott Neptun aus=
gebracht hatten, der uns ſeine vollſte Huld und Gunſt
bisher angedeihen ließ, und uns für den Abend ein
Rendez-vous auf dem Schiffe verſprochen, trennten
wir uns.

Nun durchſtreifte ich die Stadt nach verſchiedenen
Richtungen in ſtetem Staunen und Bewundern, Schritt
für Schritt immer auf Neues, Feſſelndes ſtoßend.

Schon die Lage der Stadt iſt ſo herrlich, daß man
ſich nur ſchwer von ihrem Anblicke trennen kann. Un=
mittelbar am Meere und am linken Ufer eines kleinen
hier ins Meer mündenden Flüßchens gelegen, breitet
ſich die Stadt am Fuße eines 600 Fuß hohen, von
einem Fort gekrönten Berges aus. Auf einer Erdzunge
liegt vor der Stadt das Fort St. Louis, von den
Engländern erbaut, von den Franzoſen, die jetzt im
Beſitze der Inſel ſind, durch Neubauten verſtärkt. Das

im Norden der Stadt auf dem vorerwähnten Berge gebaute Fort Desaix, eine weitläufige Befestigung, beherrscht die ganze Bai. Durch gerade, rechtwinkelig sich kreuzende Straßen ist die Stadt in Quartiere getheilt, ihre beinahe holländische Reinlichkeit macht einen äußerst angenehmen Eindruck. Die durch die durchwegs einstöckig gebauten Häuser bewirkte Monotonie ist durch die vor jedem Hause sich befindenden, in der größten Farbenpracht strotzenden Gärten gänzlich aufgehoben. Die zahlreichen Palmen, Bananen und Farrenbäume, welche letztere durch ihr dichtes Laubwerk besonders ausgezeichnet sind, verdecken beinahe das ganze Mauerwerk und Dach und geben den Häusern den Anschein, als wären sie aus grünendem Holze gebaut, als wären sie nur große Laubengänge. In diesen Gärten sieht man denn auch in den Abendstunden die über Tags unsichtbaren schönen Creolinen lustwandeln und spielen. Die Fenster der meisten Häuser sind mit Jalousien versehen, welche mit Bananenblättern bedeckt sind und so das Innere der Zimmer einigermaßen kühl erhalten, worin denn auch in der Zeit von 1 bis 4 Uhr Alles seine Siesta hält, da die Hitze um dieselbe Zeit gerade unerträglich wird, Straßen und Plätze menschenleer sind. Ein schönes Gebäude ist die Kathedrale der Stadt, deren Schutzpatron der heilige Ludwig ist; eine einfache aus Holz erbaute, in drei Längs- und ein Querschiff getheilte Kirche; die Decorationen alle einfach, geschmackvoll, ohne Ueberladung, in vollster Symmetrie und Harmonie angeordnet. Das Hauptaltarbild ist von nicht geringem Kunstwerthe und stellt die heilige Jungfrau mit dem Jesuskinde dar. Sonst ist die Kirche noch reich an schönen Glasmalereien. Der Anblick der zur Zeit des Gottesdienstes hier versammelten Andächtigen, wozu die Träger aller möglichen Hautfarben ihr Contingent liefern, vom blendend weißen Europäer, der sich hier angesiedelt, bis zum schwarzen Zamboneger, der, herausgerissen durch die Sclavenhändler aus der Mitte der Seinen, hier eine neue, zweite Heimat fand, muß jeden= falls ein imposanter, erhebender sein. Bemerkenswerth sind das auf einem mit Cocospalmen bepflanzten Platze stehende Palais de la justice und die weitläufige Zucker= siederei.

Den Glanzpunkt der Stadt bildet aber die Savanne. Was die elysäischen Felder, Bois de Boulogne für Paris sind, ist die Savanne für Fort be France. An den Tagen, an welchen die Capelle des hier garnisonirenden Marineinfanterie=Bataillons spielt, ist die Savanne der Sammelplatz der hohen und schönen Welt der Insel.

Die Savanne selbst ist ein quadratförmiger, ge= räumiger, mit einer Doppelallee tropischer Laubbäume umsäumter, mit Beeten der schönsten in allen Farben prangenden Gewächse, welche nur unter diesem Himmel gedeihen können, bedeckter Platz, in dessen Mitte die aus carrarischem Marmor in Lebensgröße gehauene Statue der hier geborenen ersten Gattin Napoleons I. Josefine Tascher de la Pagerie steht. Ihre schöne Gestalt, ihre einnehmenden Züge sind getreu wiedergegeben, ihr Blick ist auf ihr Geburtshaus gerichtet. Auf der Süd= seite des Granitpiedestals ist die Vermählungsscene in Basrelief dargestellt, auf der Nordseite sind die Worte: „Die dankbaren Bürger von Martinique ihrer ge= liebten Kaiserin" angebracht.

Herzliches Vergnügen bot uns der Abend, an welchem eben ein musikalisches Ständchen stattthatte. Bei den Klängen bekannter Weisen glaubten wir uns in der Heimat, erinnerten uns der unter ähnlichen Ver= hältnissen erlebten Sommerabende am Marcusplatze zu Venedig, bald aber zog die uns umgebende Frauenwelt unsere Gedanken von der Heimat weg. In den Alleen promenirte die hohe und schöne Welt der Insel; wir hatten Mühe, alle uns sich bietenden Bilder und mo= mentan gruppirten Tableaux zu erfassen, deren jedes für uns neu, eine Fülle von interessanten Erscheinungen bot: ein buntes Gemisch von Hautfarben und Trachten, ein Gewirr von Sprachen. Von dem durch seine gewandten Manieren und elegante Tracht sich kennzeichnenden Marineofficiere bis zum in ziemlich primitivem Costüme neugierig gaffenden Plantagenneger; von den durch ihre schlanken zarten Formen und Schönheit ausgezeichneten Creolinen bis zur in grellen Farben gekleideten corpulenten Mulattin, konnten wir alle möglichen Nuancen wahrnehmen. Manch schönes Frauen- und Mädchengesicht wetteiferte mit jenen der schönen Kinder Spaniens, Italiens und Circassiens.

Erfüllt von den Eindrücken des eben erlebten Abends kehrten wir an Bord zurück, um Ruhe zu suchen nach der Aufregung des Tages.

Bei der Fülle von lachenden reizenden Punkten, deren jeder uns zum Besuche einlud, war uns die Wahl herzlich schwer.

Wir entschlossen uns endlich, mit der Umgebung der Stadt zu beginnen. Auf unserem Wege trafen wir zunächst das Landhaus des Gouverneurs, welches sehr malerisch am Abhange eines Hügels nahe dem Meere inmitten einer herrlich schönen Uferlandschaft liegt. Zu den Füßen die ruhige dunkelblaugrüne See, von welcher die Ufer im blendenden Sonnenlichte sich erheben, die mit einem in allen erdenklichen Nuancen prangenden Grün bedeckt sind, aus welchem hie und da nette weiße Häuschen hervorragen, im Hintergrunde kühn sich thürmende Felsenformen, bedeckt mit üppiger tropischer Waldvegetation; der Eindruck ist überwältigend, ähnlich einem Blinden, dem die kunstgeübte Hand des Augenarztes das Licht gibt, gleich des schützenden Schirmes bedarf, damit er nicht neuerdings erblinde, konnten wir nur allmälig uns an den Anblick gewöhnen und erst dann die Pracht und Schönheit erfassen. Die See war so einladend zu einem Bade, daß wir gerne unsere Lust geſtillt hätten, doch einige Seehyänen, welche an der Stelle ſich herumtummelten, ließen uns alle Luſt ver- gehen.

Weiterhin gelangten wir zur Cascade de la vieille Lisade, ein ſtilles, nur durch das liebliche Murmeln der leiſe am Felſen herabgleitenden Quelle belebtes Plätzchen, umgeben von der üppigſten Tropennatur. Mit Intereſſe vernahmen wir aus dem Munde eines greiſen Mulatten, welcher Joſefine gekannt zu haben vorgab, daß dieſer Ort ihr Lieblingsplätzchen war, und ihr auch hier eine Negerin (la vieille Lisade) prophe- zeite, daß ſie die Gattin eines mächtigen Kriegers würde. Auch empfahl uns der Alte, die Beſteigung des Grand Piton nicht zu verſäumen, und ließ es an nützlichen Winken für dieſe Excurſion nicht fehlen. Der Entſchluß, dem Rathe des Mulatten zu folgen, war gefaßt, und wir kehrten an Bord zurück, um für die nächſte Excur- ſion die Vorbereitungen zu treffen.

Noch hatte die Nacht ihre Fittiche über die Stadt ausgebreitet, als wir unſere Brigg verließen; das immer lauter werdende Leben unter den Bewohnern des Ur- waldes verkündigte den baldigen Tagesanbruch, der auch hier unter den Tropen plötzlich geſchieht, da die Däm- merung kaum zehn Minuten währt.

Der Grand Piton, das Ziel unſerer Excurſion, iſt der zweithöchſte Punkt der Inſel, der höchſte in der Gruppe der drei Pitons, hat die Form eines um- geſtürzten koniſchen Waſſerfaſſes und iſt 3620 Fuß hoch. Seine Abhänge ſind mit dichtem Urwalde bedeckt, ſein Gipfel nur ſelten von Wolken befreit, doch hofften wir einen günſtigen Moment zu erhaſchen, der die Mühe des wahrhaft beſchwerlichen Aufſteigens lohnen würde. Nach den Ausſagen der Farbigen führt in der trockenen Zeit ein ziemlich practicabler Fußpfad auf den Gipfel, wir konnten einen Führer dadurch entbehren. Durch Palmen und Bananenpflanzungen am Kirchhofe vorüber,

deſſen mit Muſcheln aller Art verzierte Grabſtellen auf=
fielen, ſchlängelte ſich unſer Weg im Thale der Vielle
madame aufwärts. Wir hatten kaum die erſte Terraſſe
oder den eigentlichen Fuß des Berges erreicht, als die
Sonne majeſtätiſch glühendroth aus dem Meere empor=
ſtieg, mit ihren Strahlen die Gipfel der Berge ver=
goldete, während violettes Grau die Bai und Stadt
bedeckte. Ein entzückender Anblick. Bald galt es unſere
Schritte zu mäßigen, wir ſtanden am Rande des Ur-
waldes.

Wir hatten bisher Mulattinen und Neger getroffen,
welche Früchte und andere Producte der Inſel nach
der Stadt zu Markte trugen, doch nun hallte uns kein
Menſchentritt mehr entgegen. Der Eintritt in dieſen
geweihten Tempel der Natur machte mein Herz gewal=
tig pochen, jeder Schritt entlockte mir Ausrufe des Ent=
zückens und Erſtaunens. Das Bild einer ewig jungen
Vegetation trat uns entgegen, welche die Bäume und
Sträucher zu majeſtätiſcher Größe und Ueppigkeit empor=
treibt. Beinahe lautloſe, doch keineswegs unheimliche
Stille umgab uns, ein leichtes Säuſeln und Flüſtern
der Blätter verrieth den leichten Luftſtrom, von modern=
den Pflanzen eigenthümlich duftend, der uns entgegen
wehte. Selten drang eine unbekannte, unmelodiſche
Stimme an unſer Ohr, noch ſeltener eilte ein flüchtiges
Thier, aufgeſcheucht durch den Wiederhall unſerer Tritte,
über den Pfad. Die feierliche Einſamkeit einerſeits, die
majeſtätiſche Baumwelt, welche in ſchwindelnder Höhe
über uns ihr von tauſend und tauſend Stämmen ge=
tragenes undurchbringliches Laubdach ausbreitete, ande=
rerſeits, rief einen ungekannten Ernſt wach.

War ſchon der Eindruck aus der Ferne ein eigen=
thümlicher, hervorgerufen durch den von den Wäldern
unſerer Zone gänzlich verſchiedenen Charakter des Ur-
waldes, der ſich vorzüglich in der unbegrenzten Freiheit
und Unregelmäßigkeit des Umriſſes ausſpricht, ſo war

die Ueberraschung mit jedem Schritte gegen das Innere immer größer, denn immer gewahrte das Auge
Neues, Imponirendes; ein sichtliches Haschen nach der
Zeit, um alle Gebilde erfassen zu können, förmliche
Beklommenheit, eines davon zu übersehen, bemächtigte
sich unser. Wir konnten uns nicht satt sehen an den
bizarren Formen des Einzelnen, wie am Totalbilde des
Ganzen, denn immer wieder fielen neue, prachtvollere,
buntere Formen auf. Die vollendete Ungleichheit der
Baumkronen, welche die Freiheit der Waldgrenze nach
oben und außenhin bedingt, erlaubt keinen Schluß auf
den Inhalt des Waldes zu ziehen. Reihen heller, lufti-
ger Kronen, schwere, undurchdringliche, spitze Pyramiden,
flache, krumme, gewölbte Kronen wechseln im buntesten
Gemische, die obere Waldgrenze gleicht der Fläche einer
bewegten See.
Kommt man näher und ist im Stande, die Farbe
und Form der Blätter zu unterscheiden, so hört alle
Harmonie vollends auf. Wenn der Wind in den Blättern spielt, so kann man an einer Krone oft zwei bis
dreierlei Farben wahrnehmen, nicht selten erblickt man
kleine gelbe oder rothe Kronen, welche nicht von den
Blättern, sondern von den Blumen herrühren, welche
in dichten Büschen alles Laub verdeckend aus den Blättern hervorragen und der Krone die Farbe geben. Je
näher man die einzelnen Formen besieht, desto größer
wird die Mannigfaltigkeit, kein einziges Gewächs tritt
hier gesellig auf, alles in der buntesten Mischung durcheinander; aus dem Chaos von Formen ragen einzig
und unvergleichlich die schlanken Palmen mit ihren wogenden Wipfeln in die Höhe, die Zierde der Wälder,
deren Pracht und Majestät jeder Beschreibung spottet.
Wendet sich das Auge von den erhabenen Formen der
tausendjährigen Urbewohner zu den bescheidenen, niedrigen, welche den Boden des Waldes bedecken, so wird
es vom Glanze der Blumen geblendet, die es erblickt,

ihr Duft betäubt den Eindringling. Die Natur erscheint
hier unerschöpflich, der Boden von fabelhafter Fruchtbarkeit; nicht genug mit der Mannigfaltigkeit der Baum-
formen, ist der Raum zwischen den einzelnen Stämmen
von der Krone bis zum Boden mit einem undurchdringlichen Netze von Lianen erfüllt, deren Verschlingungen
die bizarrsten Formen entwickeln, und welche es unmöglich machen, auch nur einen dieser Stränge von seiner
Wurzel aus weiter als auf Fußlänge zn verfolgen.

Zoll- bis mannsdick, gleich den Aesten der Bäume
mit Korke überzogen, oft dreierlei Blätter treibend,
streben die Lianen von oben herab dem Boden zu oder
schweben gleich schlaff gespannten Seilen in den Lüften.
Zuweilen schnüren sie gleich einer Boa constrictor ihre
Opfer, die Bäume, von Distanz zu Distanz ein, sie
erstickend, so daß sie ihr Laub verlieren und ihre ab-
gestorbenen Riesenarme gleich ungeheuren weißen Ko-
rallen starr in das frische Grün des Waldes hinein-
strecken; oft aber geben sie dem alten Stamme frisches
Laub, so daß man an ein und demselben Baum verschiedene Blätter findet. Doch nicht nur in den Lüften,
sondern auch auf dem Boden wuchert das Netz von Lianen
fort und erschwert das Fortkommen, ja macht zuweilen
ein solches unmöglich.

Bisher gelang es uns, ohne besondere Mühe vor-
zubringen, doch nun wehrten uns diese Schlingpflanzen
den Weg; mit dem Handbeile mußten wir uns den
Weg bahnen, und dies mehr als eine Stunde, so daß
uns der Schweiß in hellen Tropfen auf der Stirne
stand. Noch hatten wir eine geraume Strecke zurückzu-
legen, als ob dieser ermüdenden Arbeit der Muth meines
Begleiters zu erschlaffen drohte; meinen beredten Worten gelang es jedoch, ihn zur Fortsetzung der anstrengenden Arbeit zu bewegen. Trotz des dichten Laubbaches
über unseren Häuptern war die tropische Sonnenhitze recht
fühlbar, überdies ermattete uns die gänzliche Windstille.

Die Sonne mußte bald im Zenithe stehen, als wir unsere vereinten Anstrengungen von Erfolg gekrönt sahen und den Gipfel erreicht hatten, der dichte Urwald benahm uns jedoch jede Aussicht. Nicht ohne blutig aufgeriebene Hände davonzutragen, erkletterten wir eine schlanke Fächerpalme, doch oben im Wipfel angelangt, drohte vor Sinnestaumel mich ein Schwindel zu erfassen. Ein Ausruf nie gefühlten, unsäglichen Entzückens entrang sich meiner Brust, ein Bild, das unauslöschlich jedem Freunde der Natur vorschweben muß, ein Bild, das jede Schilderung Lügen straft, das nur das Auge erfassen, für das die Sprache zu wortarm, ein Bild, das wiederzugeben dem Maler ein Frevel an der Natur scheinen müßte, trat uns entgegen.

Kein Wölkchen trübte den azurnen Himmel, die See glich dem Spiegel, den kein Hauch getrübt, keine Welle kräuselte ihre Fläche, ein Bild der Ewigkeit, an dessen Stirne die Zeiten spurlos dahinschwinden, entrollte sie sich vor unsern trunkenen Blicken, in ihrem weiten Schooße suchten die Strahlen der Sonne Kühlung vor ihrer eigenen Gluth; so rein sie sich jetzt zeigte, hätten wir nie ahnen können, daß sie im Zorne, im Kampfe mit dem Erbfeinde, die Wogen berghoch thürmt, daß selbst dem Sturm davor bangt; am Horizonte schienen ihr Dunstsäulen zu entsteigen, während hie und da ein Schiff, einem riesigen Seevogel gleich, aus ihren Fluthen emportauchte.

Unter uns lag die herrliche Insel, einem mit den buntesten Farben bedeckten Schachbrette ähnlich, gleich einer ruhenden Odaliske auf azurnem Bette, eine sanfte, frische Seebrise fächelte ihren Wangen Kühlung zu; am fernen Horizonte zeichneten sich die Contouren der Insel Dominico im Norden, St. Vincent und Lucia im Süden ab, begossen mit rosigem Lichte.

Wären die Beschwerden des Aufsteigens zehnfach gewesen, in diesem Momente waren sie vergessen; nur

5

im Anblicke der unsäglich schönen Scenerie lebend,
glaubten wir einen Winkel des Paradieses gefunden
zu haben.

Mit schwerem Herzen mußten wir uns endlich tren=
nen, denn die Sonne neigte sich gegen Westen; der
Rückweg ging ungleich schneller von statten. An einer
Quelle, im Schatten tausendjähriger Bäume, erquickten
wir uns mit einem Trunke frischen Wassers. Fanden
wir beim Aufsteigen die größte Stille im Urwalde, so
war es nun gerade das Gegentheil, nachdem der Mittag
vorüber, wo alle Geschöpfe der heißen Zone Ruhe und
Schatten suchen; nun aber rief jede weitere Stunde eine
neue Welt von Geschöpfen aus ihren Ruheplätzen hervor.

Wenn möglich überbietet die Thierwelt an Man=
nigfaltigkeit noch die Pflanzenwelt; sie erhielt mich in
stetem Wechsel von Erstaunen und Entzücken, ich wußte
nicht, ob ich Form und Farbe oder Stimme mehr be=
wundern sollte.

Die buntfarbigsten, an Glanz mit dem Sonnen=
lichte wetteifernden Schmetterlinge eilen einzeln oder
gesellig von Blume zu Blume, den köstlichen Nektar
aus den prunkvollen Blüthen schlürfend, Myriaden der
prachtvollsten Käfer, lebenden Edelsteinen gleichend,
durchschwirren die Luft, indessen Vögel von den sonder=
barsten Gestalten und dem buntesten Gefieder von Baum
zu Baum oder hoch in den Lüften umherflattern, wäh=
rend die blau, grün oder roth gefärbten Papageien, auf
den Gipfeln der Bäume versammelt, die Luft mit ihrem
unaufhörlichen Geschwätze erfüllen. Am Boden des Wal=
des ist das Leben nicht minder rege; Eidechsen von
auffallender Form, Größe und Zeichnung, düster ge=
färbte, giftige und unschädliche Schlangen, welche an
Glanz den Schmelz der Blumen übertreffen, schleichen
aus den Höhlen der Bäume und des Bodens hervor
und sonnen sich auf den Aesten der Bäume. zugleich
auf Beute lauernd.

Während so jedes Geschöpf in Ton und Bewegung sich an der Herrlichkeit des Tages freut, umschwirren die zarten Kolibris, kaum größer oft als eine Hummel, an Pracht die Diamanten, Smaragde, Saphire und andere Edelsteine überbietend, die duftenden Blumen. Bei Eintritt der Nacht schwärmen Myriaden leuchtender Käfer gleich Irrlichtern umher und vermehren die Pracht der dunklen Tropennacht, während gespensterartig die blutsaugenden Vampyre durch das Dunkel flattern.

Tag und Nacht wetteifern an Pracht und Schönheit, lassen den Erdensohn, der aus anderen, minder ausgestatteten Zonen die Tropen besucht, nicht zur Ruhe, nicht aus dem Entzücken und Erstaunen kommen.

Wir hatten die Grenze des Waldes wieder erreicht, doch mit welchen Gefühlen bereichert! Als wir auf den verlassenen Gipfel blickten, begann er eben wieder sich in Wolken einzuhüllen, und nicht lange währte es, so war das Firmament mit Wolken umzogen. Der schrille Ton der Vögel, die allgemeine Hast und Aengstlichkeit der Thiere, die, ins Innere des Waldes fliehend, Schutz suchten, verkündete uns den Einbruch eines Tropengewitters. Wir gewannen noch Zeit, ein schützendes Dach zu erreichen, unter welchem eine Creolin uns Erfrischungen darbot. Die Schwüle hatte ihren höchsten Grad erreicht, der Schweiß drang mächtig durch die Poren, nachtgleiche Finsterniß brach herein, kein Lüftchen regte sich, nur ein unheimliches Sausen in den obersten Regionen und das geisterhafte Rauschen der Bäume gingen dem Ungewitter voran.

Urplötzlich erbebte der Wald unter einem Orkane, die Bäume ächzten und stöhnten unter der Gewalt des Sturmes, ein Feuermeer ohne Unterbrechung erfüllte die Atmosphäre, während in dem unaufhörlichen Gebrülle des Donners das Angst- und Klagegeschrei der Urwaldbewohner sich mischte; sündfluthartig strömte der Regen

5*

nieber. Ein erhabenes, erschütterndes Schauspiel der Natur, wie es nur die Tropen bieten können. Doch eben so heftig die Zornesausbrüche der Natur hier sind, ebenso schnell sinkt himmlischer Friede wieder über das Land; bald zerfielen die Wolken, milb und segensreich lächelt wieder die Sonne, bald herrscht wieder das frühere rege Leben unter den Thieren des Waldes.

Spät Abends erreichten wir wieder unsere Brigg; physische und geistige Erregung ließen mich bei aller Mattigkeit keinen Schlaf finden, zum Himmel aufblickend, dessen heitere Stirne kein Wölkchen trübte, und wo hell und klar die vielen tausend Aeuglein in milbem Lichte funkelten, träumte ich mit wachem Auge einen Traum, den keine Feder wiederzugeben vermag.

Meine Seele klammerte sich an die Hoffnung, den Wunsch, noch lange Zeuge dieser Majestät und Pracht zu sein, doch am kommenden Morgen waren alle meine Ideale vernichtet, die Ordre des Capitäns hieß: „Anker lichten."

Rosig beleuchtete wieder die Sonne dies Paradies, als die Segel im frischen Winde sich schwellten und immer weiter zurück die herrliche Insel blieb. Unverwandt ruhte mein Blick auf dem Eilande, meine Seele war noch immer dort, bald aber versank es in dem dunklen Schooße des Oceans.

Mein einziger Trost war die Versicherung des Capitäns, daß unser Curs auf Cuba gerichtet war, mir also das Verweilen in diesem Eden noch möglich wurde.

Erinnerungen an Tejas.

Uncle Sams Land war von jeher eine mächtige
Verlockung für Europamüde. Wem's im trauten Heimat=
dörfchen zu eng wurde, der eilte hinaus durch Flur
und Wald durch die Gauen des deutschen Vaterlandes,
vielleicht durch der übrigen Völker Länder; doch hierbei
legt ein Keim sich in seine Brust, der bald mächtig in
die Halme schießt, bald ist Europa zu enge, zu klein,
das Herz sehnt sich nach jenseits der Atlantis. Anderen,
und diese sind an Zahl die meisten, sie kehren der Hei=
mat den Rücken, sie verlassen die Scholle, auf welcher
die Ahnen geschafft und gerungen, in der Absicht nicht
mehr zurückzukehren, und ziehen, verführt durch die in
den schönsten Farben gemalten Bilder transatlantischer
Zustände, durch das Lügengewebe beutesuchender Aus=
wanderungsagenten, in der Hoffnung, drüben goldene
Berge zu finden, mit Weib und Kind, mit Hab' und
Gut hinüber.

Doch drüben angekommen, welch' bittere Enttäu=
schung! Rathlos irren sie lange im Menschengewühle
umher, von Yankees und auch selbst ihren eigenen Lands=
leuten als „Grüne" geprellt, ihr Klingendes läuft bald
Gefahr alle zu werden, endlich nach unsäglicher Mühe
gelingt es Vielen, ein zweites Heim zu finden und im
Schweiße ihres Angesichts sich nach langen Jahren auf
dieselbe Stufe des häuslichen Wohlstandes aufzuschwingen,
wie er sie auf der heimatlichen Scholle in Europa be=
glückte. Doch Viele und wieder Viele, sie gehen elendlich
zu Grunde, ohne daß es ihre zurückgebliebenen Lieben

in Europa nur ahnen. The Americain schweigt über derlei Lappalien. Wohl Dem, der die nördlichen und östlichen Staaten zum Aufenthalte gewählt, dem es geglückt, hier einen Flecken Landes zu erwerben; wenn auch durchaus keine goldenen Berge, so kann er sich doch seines Lebens freuen, und sogar, wenn er nicht jenes Weh kennt, welches Schweizer und Tiroler um die Heimat erfaßt, sein neues Heim lieb gewinnen.

Doch bedauernswerth der Arme, der sich verleiten ließ, in den südlichen Staaten, gar in Tejas, anzusiedeln. Was in Uncle Sams Territorium aus wohlbegründeten Ursachen Luftveränderung sucht und mit der heiligen Hermandad nicht harmonirt, das eilt in das Elysium der Strolche, in die Gauen am Red River und Colorado.

Dort läßt's sich ungestört hantiren, das bischen Lynchjustiz ist nicht zu fürchten, dort läßt's sich dem Menschen praktische Begriffe über die Wohlthat eines temporären Aderlasses an Eigenthum und Leben beibringen. Mit ritterlicher Galanterie überheben sie die Reisenden der Sorge um ihre Dollars, wenn sie aber diese Wohlthat nicht einsehen wollen, auch der Sorge um den ferneren Kampf ums Dasein.

Wer daher diese Sorge durchaus gerne selbst tragen will, der bleibe hübsch ferne von den tejan'schen Gefilden, die an Naturschönheit stellenweise unvergleichlich, zum größten Theile aber von einer Menschensorte bewohnt sind, welche gerne geneigt ist, die Schärfe des Bowiemessers oder die Tragweite des Riflecarabiners an einer ehrlichen weißen oder Rothhaut zu prüfen.

Nicht Europamüdigkeit verschlug mich in diese lieblichen Gauen, sondern einzig und allein meine Ahasvernatur. Rast- und ruhelos trieb es mich auch in diesen Winkel des Sternenbanner-Territoriums, wo Proudhons Ausspruch: Eigenthum ist Diebstahl, praktisch ausgelegt wird.

Ich danke meinem glücklichen Schicksale, daß ich mit heiler Haut herauskam, doch oft war's mir um mein Leben gar gruselig bange.

Ich will nun versuchen, ein getreues Bild meiner Erlebnisse zu entwerfen und mit einfachen Worten die Eindrücke wiedergeben, welche Land und Leute auf mich gemacht. Wenn man dem Rio Colorado oder auch dem Rio de los Pecos aufwärts folgt, so erreicht man nahe den Quellen dieser Flüsse den Llano estacado, eine der größten Mesas (Tafelflächen) vom Süden des nord-amerikanischen Festlandes. Soweit das Auge reicht, tage-lang erblickt es stets eine gleichförmige, wellenerfüllte, im Winter mit frischem Grün geschmückte Ebene, be-völkert von unzähligen Büffel- und Mustangsheerden, durchzogen von Bären, Prairiewölfen und Hunden, er-füllt von zahlreichen Prairiehühnern. Tief eingeschnittene Klüfte durchfurchen den Boden, an deren oft hundert Ellen tiefen Sohle die Flüsse ihre Wasser, vom Lehm und Gyps, die hier in großer Mächtigkeit die Erde durchziehen, schmutzig braun gefärbt, nach Osten senden. Doch wie gänzlich verändert ist im Sommer das Bild dieser Fläche; das Grün ist ganz verschwunden, ein eintöniges Braun, das oft ins Bläuliche spielt, bedeckt die baumlose Ebene, das Wasser, ohnehin sehr salzhaltig, wird zu Salzlauge oder versiegt gänzlich, kein lebendes Wesen läßt sich erblicken, kein Laut schlägt ans Ohr des vergeblich Schatten und Wasser suchenden Reisen-den, der es gewagt, diese Wüste zu betreten. Die größte Gefahr droht ihm, wenn er nicht zur rechten Zeit um-kehrt und jene Wege verfolgt, welche durch von halben zu halben Leguas im Boden steckende Stangen vor-gezeichnet sind und an Wassertümpeln vorüberführen. Die nicht selten ins Auge fallenden, von der Sonne gebleichten Gebeine mancher Jäger und ihrer Pferde mahnen den Kühnen in eindringlichster Weise an Vor-sicht. Ein wahrhaft trostloser Anblick!

Kein Lufthauch kühlt die Wange des Jägers, dabei ist die Atmosphäre, wenn die Sonne am Horizonte verschwunden, so durchsichtig, die Luft von ungewöhnlicher Reinheit und Dünne, daß man im Mondschein auf große Entfernungen hin die Schatten vorbeihuschender Gambusinos, jener schurkischen Wegelagerer wahrnimmt, und das Heulen und Kläffen der Prairiewölfe auf halbe Leguas hört. Dort wo die Quelle des Rio Colorado und weiter südwestlich die des Rio Saba liegen, birgt die Erde in ihren Eingeweiden reiche Silberminen. Zu diesen jagt nun Alles mit fieberhafter Hast, hier hat das Laster seinen Herd. Hier ist der Haupttummelplatz der Gambusinos, jener gefürchteten Prairieräuber, doppelt unheimlich weil unersättlich; von Abkunft Mestizen, sind sie zu träge und arbeitsscheu, um im ehrlichen Kampfe ums Dasein ihre Existenz zu finden, sie ziehen es vor, die gefährlichsten, vor keinem Morde zurückschreckenden Menschen zu werden. Der Arm der Gerechtigkeit ist ohnmächtig gegenüber der Masse dieser Strolche. Wenn je einer von ihnen seine wohlverdiente Strafe erhält, so geschieht dies immer durch Lynchjustiz. Die engen. mit dichtem, hochstämmigem Gebüsche erfüllten Cannons (Flußthäler) bieten diesem verworfensten Gesindel die unauffindbarsten Schlupfwinkel. Ohne Furcht zu kennen, faßt man den Revolver fester an, begegnet man Einem von dieser Sorte.

Durch das Leben in der Prairie haben Gesicht und Gehör dieser Strolche eine seltene Schärfe und im Nachahmen der Thierstimmen, womit sich die zerstreut Umherlauernden zu einer gemeinsamen Action verständigen, besitzen sie eine ungewöhnliche Virtuosität. Doch nicht sie allein machen die Prairie und das Land überhaupt unsicher, sie theilen diesen Ruhm mit den unzähmbaren Comantschen und Apachen, welche das ganze Territorium von Nord-Mejico (Nueva Leon, Chihuahua und Sonora) bis zur amerikanischen Steinwüste im Norden des

Plano estacado und bis an die Sierra Quadelupe im Osten raubend und mordend durchziehen. Obwohl untereinander die größten Todfeinde, verfolgen sie das gleiche Ziel und sind die gefürchtetsten Feinde jedes Weißen. An Grausamkeit überbieten die Rothhäute der Comantschen und Apachen jedenfalls die Mestizen, denn sie tödten ihr Opfer nicht gleich, sie scalpiren es und überlassen es dann seinem Schicksale oder schleppen es mit sich, um neue Qualen und Martern für dasselbe zu ersinnen. Gegenüber solchen Feinden ist denn auch das Gesetz der Prairie: Auge um Auge, Zahn um Zahn nur ein unbedingt gerechtfertigtes.

Die weitverbreiteten Ansichten über den Edelmuth, den Stoicismus und andere rühmenswerthe Charakter= züge der Indianer fand ich in Tejas nicht bestätigt; doch darf ich mein Urtheil nicht zu hart und über die Indianer im Allgemeinen fällen, denn ich hatte später in Mejico vielfach Gelegenheit, schöne Züge zu erleben, die wir selbst im hoch civilisirten Europa nicht zu oft verzeichnen können. Doch im vollsten Maße abfällig wird das Urtheil jedes Weißen über die Comantschen und Apachen ausfallen, die einen Weißen und auch ihre rothen Gegner nicht verschonen.

Die Regenzeit war eben ihrem Ende nahe, die Prairie prangte im schönsten Grün, üppiges, an ein= zelnen Stellen mannhohes Gras bedeckte die Ebene. Büffel= und Mustangheerden hielten vom Süden her ihren Einzug, überall stieß das Auge auf reges Thier= leben; das Reisen gewährte jetzt großes Vergnügen, um= somehr, wenn man nebstbei den Freuden der Jagd huldigte.

Ein längerer Ausflug in die Prairie war von mir schon lange projectirt, und bald fand sich auch jetzt die Gelegenheit, diesen zu unternehmen. In Gesellschaft des Bruders meines Hauswirthes in San Antonio de Bejar, wo ich schon seit einem Monate weilte, eines biedern

und muthigen jungen Mannes, der wohl hierlands ge=
boren, aber von französischer Abkunft war, und eines
im rüstigsten Alter stehenden, erfahrenen Trappers,
dessen Heimat die Nordufer des oberen Sees waren und
der hier der Biberjagd fröhnte, machte ich den Ver=
such, zu den höchst interessanten Quellenlandschaften
des Rio Colorado zu gelangen. Nebstbei war es unsere
Absicht, Bisons und Prairiehühner zu jagen, um eine
reiche Beute an Büffelzungen und Euter, welche wahre
Leckerbissen sind, heimzubringen.

Nach zwei nicht sehr anstrengenden Tagereisen er=
reichten wir ober ten Quellen des San Antonio die
Hacienda de San Juan de Baptista, deren Eigen=
thümer ein naher Verwandter meines Hauswirthes in
Bejar war. Mit der jedem Hacienbero, spanischer Ab=
kunft, eigenen Gastfreundschaft empfing uns Don Michele,
der Eigenthümer der Hacienda, und forderte uns in
eindringlicher Weise auf, einige Tage daselbst zuzubringen.
Wir nahmen auch dieses freundliche Anerbieten an, um=
so mehr, als wir einige tüchtige, mit Weg und Gegend
und der Jagd vertraute Vacqueros (Hirten) zu unserer
Begleitung erwarteten.

Die Hacienda unseres Gastfreundes war eine der
größten, die ich gesehen; aus weiter Entfernung glänz=
ten ihre getünchten Umfassungsmauern, welche den ganzen
Complex wie ein Wall umgaben. Schießscharten waren
allenthalben in die Mauer eingeschnitten, denn die Ha=
cienda hatte in früherer Zeit sehr viele Angriffe der
räuberischen Comantschen und auch der Gambusinos
abzuwehren. Das große ebenerdige, aber trotzdem hohe
Wohngebäude der Familie, wie alle Häuser mit einer
durch eine Brustwehr umsäumten Terrasse versehen, ragte
unter den vielen anderen Wohngebäuden, worin die
Vacqueros und Peones und das übrige Dienstpersonale
wohnten, durch seine alterthümliche Form hervor, das
Innere jedoch war äußerst comfortable und geschmack-

voll eingerichtet; im Hofraume des Wohnhauses (Patio)
hauchte ein mit den prächtigsten Blumen bepflanzter
kleiner Garten seine Wohlgerüche aus, welche die schönen
geräumigen Zimmer erfüllten. In Verbindung mit dem
Hause stand die kleine Hauskapelle, die wohl nirgends fehlt,
da die spanischen Abkömmlinge ungewöhnlich bigott sind.
Mehrere große Corral's (ungedeckte große um=
zäunte Viehställe) nahmen den übrigen Platz ein. Vor
der Mauer war ein gutes Stück Land mit Bäumen
und Cerealien bepflanzt.

So glich die Hacienda einer kleinen isolirten Co=
lonie, welche nahezu an hundert Köpfe zählte. Eine
kleine Glocke mit silberhellem Klange rief allabendlich
die Vacqueros heim, oder ertönte, wenn der Hacienda
Gefahr von den Rothhäuten drohte.

Die Familie meines Gastfreundes bestand aus
seiner Gattin, einer ehrwürdigen, liebevollen Frau, deren
dunkler Teint und lebhaftes Temperament die Mestizen=
natur verrieth und mehreren Töchtern, von welchen Mar=
gerita die älteste, ein herrlich schönes, zartes, zur Jung=
frau aufgeblühtes Mädchen war, der Abgott der Fa=
milie, von Allen im Hause geehrt und geliebt.

Während meines mehrtägigen Aufenthaltes hatte
ich Gelegenheit, die Familie näher kennen zu lernen.
Selten auch im schönen Deutschland, wo man Familien=
glück öfter als irgend anderswo findet, traf ich eine in
ihrer Gesammtheit so glückliche Familie. In mir Heimat=
und Ruhelosen erzeugte der Anblick der Abends ver=
sammelten Familie ein wehmuthsvolles Gefühl, doch
mußte ich meiner Stimmung Herr werden, für mich
durfte es nicht häuslichen Frieden, Zufriedenheit und
Harmonie geben, diese Wohlthat mußte ich ja meiden,
denn mein Heim war die Prairie, der Ocean, die
Wüste.

Margerita, die Tochter des Hauses, und die ganze
Familie überhäuften uns mit Freundlichkeiten; wie alte

gute Hausfreunde waren wir von ihnen behandelt, denn
selten kamen Besuche bis zur entlegenen Hacienda.
Uns allen waren diese Tage, die wir im Hause zuge=
bracht, unvergeßlich. Für mich nun schon seit Jahren
Heimat= und Ruhelosen hatte dieses patriarchalische
Leben einen besonderen Reiz, wie längst verklungene
Lieder kamen mir die Schilderungen von dem herzlichen
Bande, das hier im Hause Alle umschlang, vor, die Erinne=
rung an vergangene glückliche Tage zog wie ein Traum
vor meiner Seele vorüber. Kaum erinnerte ich mich,
eine so glückliche Familie gekannt zu haben. Die Ein=
samkeit, die isolirte Lage in der unübersehbaren Prairie,
das Bewußtsein der gegenseitigen Abhängigkeit, sie mach=
ten das natürliche und geistige Familienband erstarken.
Und es beburfte auch dieser Eintracht unter den Glie=
dern der Familie, und noch mehr, sie mußte auch das
Gesinde umfassen, denn gar oft brachen sehr gefahr=
volle Stunden herein, wo das Schicksal der Hacienda
eben an der Einmüthigkeit der Insassen hing. Don
Michele erzählte uns die Geschichte der Hacienda; Ueber=
fälle durch Indianerhorden und der noch schlimmeren
Gambusinos, sie waren darin sehr zahlreich ver=
treten.

Die sternenhelle Nacht lockte mich ins Freie; meine
Schritte weitbin zu lenken, verbot mir jedoch das in
aller Nähe ertönende, höchst widrige Gekläffe der Cotoyes,
welche in ganzen Rudeln die Hacienda umlagerten und
auf Beute lauerten. Ihre funkelnden, glühenden Kohlen
ähnlichen Augen waren deutlich erkennbar. Noch des
Morgens, als wir uns zum Aufbruche rüsteten, vernahm
man ihr Gejohle.

Ich muß gestehen, als wir den Morgen unserer
Abreise, wohlgerüstet, mit Allem versehen, von vier
auserlesenen Vacqueros begleitet, von der Familie Ab=
schied nahmen, wurde mir's schwer, mich von dieser
Stätte wahren Glückes und Friedens zu trennen. Don

Michele gab uns auf eine Strecke hin das Geleite und schied dann von uns, nicht aber ohne uns aufzufordern, im Rückwege die Hacienda wieder aufzusuchen.

Bald war die Hacienda unseren Augen hinter einer Bodenwelle verschwunden. Die Reise ging munter von Statten und nach neun mit kleinen Jagdabenteuern verbundenen Tagereisen lagerten wir am Abende des neun-ten Tages in einer ziemlich tiefen, muldenförmigen Boden-falte, die uns gänzlich barg und vor etwaigen Angriffen einigen Schutz gewährte. Unsere Pferde und Maulthiere weideten aneinander gekoppelt nicht ferne von uns.

An einem großen erwärmenden Feuer bereiteten uns die Vacqueros unseren erjagten Nachtimbiß zu, der aus einer sehr wohlschmeckenden Büffelkeule und einigen Prairiehühnern bestand. Nach einem stärkenden Trunke guten Whisky's hüllten wir uns in unsere Decken und schliefen nahe dem Feuer ein, bei welchem ein Vacqueron Wache hielt, und welches derselbe zur Ab-wehr der Cottoyes und Prairiewölfe, sowie der hier nicht seltenen Jaguars stets unterhalten mußte.

Doch lange sollte unsere Ruhe nicht währen, und das Erwachen aus dem Schlafe war eines der fürchter-lichsten in meinem bewegten Leben.

Ein schriller Schrei weckte uns aus dem Schlafe, mechanisch griffen wir zu den Waffen, eilten gegen die Pferde. Es blieb uns wenig Zeit, um die Ursache des Lärmes zu fragen, denn ein Haufe von circa vierzig diabolisch aussehenden, mit wüstem Geschrei auf uns heranstürmenden Indianern, den berüchtigten Comantschen angehörig, mit hochgeschwungenem Tomahawk und dem Scalpmesser zwischen den Zähnen, ließ uns beim grellen Scheine des auflodernden Feuers nur zu deutlich unsere Feinde erkennen.

Obwohl wir gut bewaffnet und mit Munition hinreichend versehen waren, so waren wir dennoch nur sieben Mann gegen eine nahezu sechsfache Uebermacht, welche mit infernalischer Wuth auf uns eindrang; die Hoffnung auf den endlichen Sieg war ohne Halt, und hier galt es, wenigstens sein Leben so theuer als möglich zu verkaufen. Unser ganzes Streben mußte vorzüglich darauf gerichtet sein, die Pferde und Maulthiere uns zu erhalten, denn sie waren unsere letzte Zuflucht. Um dieselben entspann sich auch der heißeste und blutigste Kampf. Tigern gleich drangen sie auf uns ein, doch unsere Revolver lichteten bald grauenhaft ihre Reihen, hier durfte kein menschliches Regen Platz greifen, denn die Gegner schonten Niemand, darum spannte sich in uns jede Sehne, jede Ader zur größten Anstrengung, die Zeit zum Laden des Revolvers wäre Verlust gewesen, mit dem breiten, scharfgeschliffenen Bowiemesser schlugen wir die Angriffe der Rothhäute ab. Obwohl schon die Hälfte von ihnen sich im Blute am Boden wälzte, ließen sie nicht ab und verdoppelten ihre Anstrengungen, um in den Besitz der Pferde zu gelangen, wohl wissend, daß auch unser Los dann besiegelt und unsere Kopfhäute ihre Wigwams zieren würden. Doch auch uns stählte dieser Gedanke und so währte denn das blutige Handgemenge fort. Eine Lanze sauste an meinem Kopfe dicht vorüber und bohrte sich in den Leib eines Pferdes, das sofort zusammenbrach, durch seinen Fall aber die übrigen Thiere zur Raserei brachte, so daß nur an der Festigkeit der Koppeln unser Schicksal hing. Bald darauf fiel auch ein zweites Pferd und fast zugleich belehrte uns ein markdurchdringender Schrei eines unserer Vacqueros, daß er scalpirt war. Ein Lanze bohrte sich in seine Brust und im Falle erhaschten die rothen Teufel seinen Körper und scalpirten den Unglücklichen. Nie werde ich das herzzerreißende Stöhnen dieses Armen vergessen, der ein Opfer seiner Treue wurde. Nach mehr als einstündigem Kampfe war die Zahl unser bestialischen Gegner auf 10 Köpfe gesunken, welche, als sie ihre entschiedene Niederlage und die das Feld bedeckenden Leichen ihrer Gefährten sahen, vom Kampfe abstanden und es vorzogen, unter wüstem Fluchen sich auf die Mustangs zu werfen und die Flucht zu ergreifen, wuthentbrannt ohne Beute und nur mit einem Scalpe abziehen zu müssen.

Als die Rothhäute unseren Blicken entschwunden waren, und es nicht zu befürchten war, daß sie sobald zurückkehren würden, hielten wir Umschau am Kampfplatze.

Von unseren Feinden waren alle stumm, sie waren größtentheils durch die Brust geschossen oder erstochen, wie dies bei dem wüthenden Handgemenge nicht anders zu erwarten war. Unser armer Vacqueron gab auch kein Lebenszeichen mehr, wir hatten ihn aber blutig gerächt, und die Comantschen mußten seine Kopfhaut theuer bezahlen. Zwei unserer besten Pferde und ein Maulthier, sie fielen auch dem Kampfe zum Opfer; wir vermißten sie um so schwerer, als wir in der Schnelligkeit unseres Fortkommens merklich gehindert waren.

Des Bleibens war hier nicht mehr, der blutige Kampf, der nur ein Vorspiel zu den weiteren Kämpfen gewesen wäre bei unserem Vorbringen gegen Westen, die Jagdgründe der Comantschen und Apachen, verleibete uns jede Lust zur Weiterreise; am besten war es, mit möglichster Beschleunigung die Rückreise anzutreten, denn es war gewiß, daß der geschlagene Rest unseres Feindes blos geflohen, um Verstärkung zu holen und um ihre Brüder an uns dann rächen zu können.

Bei dem Umstande aber, daß zwei unserer Vacqueros ein Pferd benutzen mußten, und das Gepäck des gefallenen Maulthieres auf unsere Pferde vertheilt werden mußte, war unsere Reise nicht die schnellste. Unserem armen Vacqueron mußten wir am Kampfplatze den letzten Liebesdienst erweisen, und betteten ihn in der kühlen Erde.

Um die Spur von unseren Pferden zu verwischen und unsere Verfolger irre zu führen, mußten wir vielfach Kreuz-, Quer- und Contrezüge machen, so daß wir zwar von Comantschen unbehelligt am zehnten Tage die Hacienda unseres Gastfreundes zu erreichen hoffen durften. Um die Mittagsstunde des zehnten Tages trennte uns nur eine Strecke von 4 Leguas von derselben, eine kleine Bodenerhöhung entzog dieselbe unseren Blicken.

Wir wähnten uns schon sicher geborgen, denn schon glänzte uns die Acequia (Wasserleitung) entgegen, welche von den Quellen des San Antonio das Wasser zur Hacienda leitete. Doch bald sahen wir uns wieder angegriffen, doch diesmal waren es Gambusinos, welche in uns Reisende wähnten, die silberbeladen aus den Minen zurückkehrten, und reiche Beute hofften. Wenn sie uns auch zweifach überlegen waren, so waren sie dennoch feige genug, uns nicht in zu große Nähe zu kommen, als sie sahen, daß wir entschlossen waren, uns energisch zu vertheidigen; doch verloren sie uns nicht aus den Augen, sondern folgten in einer respectvollen Entfernung, nicht ohne uns Kugeln zuzusenden, die glücklicherweise nicht trafen. Ihre Absicht war, uns zu ermüden und einige kampfunfähig zu machen, um dann die Uebrigen niedermachen zu können. Das Weiterkommen war daher sehr schwierig, da wir keinen Augenblick unsere Verfolger aus den Augen lassen durften.

Nach zweistündigem, anstrengendem Ritte endlich tauchte die Hacienda vor uns auf, von uns allen mit lautem Rufen begrüßt. Dies brachte unsere Verfolger zu einem Entschlusse, denn bald sprengten sie mit Windeseile an uns vorüber gegen die Hacienda zu; ihr Benehmen jedoch befremdete uns nicht, denn wir kannten ihre Kampfesweise. Unweit der Hacienda zieht ein tiefer, aber wasserloser Cannon von West nach Ost, welchen

wir, um die Hacienda zu erreichen, überschreiten mußten, was besonders zu Pferde sehr schwierig war, da
die Böschung sehr steil verlief. Dort lauerte uns die
Bande auf, um von diesem Umstande zu gewinnen und
uns dann umzingeln zu können. Doch meine Begleiter
waren keine Grünen und kannten die Schliche dieser
Strolche. Wir hielten in unserem Ritte an und ent-
sendeten einen unserer Vacqueros, um auf großen Um-
wegen die Hacienda zu erreichen und die Bewohner
derselben mit unserer Lage bekannt zu machen. Wir selbst
verbargen uns in einer geräumigen Bodenaushöhlung
nächst der Acequia. Nach mehreren Stunden tauchten
einzelne Reiter in der Ebene vor uns auf, welche jedenfalls ob unseres Nichterscheinens im Cannon ungeduldig
waren und nach uns spähten; einen derselben bekamen
wir in unsere Gewalt, indem eine Kugel ihm den Arm
zerschmetterte und eine andere sein Pferd tödtete; fle-
hentlich bat er um Gnade, doch meine Begleiter waren
unerbittlich und lynchten den Räuber, indem sie sich
auf das Prairiegesetz beriefen.

Bald ertönte die Glocke der Hacienda, welche alle
Wehrfähigen zusammenrief und die drohende Gefahr
verkündigte. Durch diesen unerwarteten Zwischenact sah
sich die Bande in dem Cannon betrogen und stürzte
sich mit doppeltem Ingrimme auf uns, um sich die Beute
nicht entgehen zu lassen. Wir empfingen sie mit einem
wohlgezielten Feuer, welches mehrere aus dem Sattel
warf und machten uns auf ein Handgemenge gefaßt,
doch dazu hatten sie nicht den Muth, sondern deckten
sich hinter der Acequia und überschütteten uns mit Kugeln, von welchen jedoch keine traf; doch lange währte
diesmal diese Unterhaltung nicht, unser Gastfreund mit
mehreren seiner Vacqueros erschien an unserer Seite,
was die schurkischen Gambusinos bewog, in der Flucht
ihr Heil zu suchen; doch hatten sie noch die Frechheit,
auf die Hacienda zuzusprengen und einen Hagel von

6

Blei in den Hof zu senden. Wir waren diesmal ohne
Verlust davongekommen, doch bei unserer Ankunft herrschte
Verwirrung im Hause, auf Aller Antlitz las man, daß
etwas Betrübendes geschehen war. Da die Buschrangers
ihre Flucht gegen die Hacienda genommen hatten, so
befürchteten wir, daß die Elenden Jemanden unter den
Insassen verwundet oder getödtet hatten.

Als wir eilends von den Pferden abgestiegen waren
und in den großen Empfangssaal traten, fanden wir
die Familie in Thränen um die auf Stühlen gebettete
Tochter Margerita herum versammelt; der linke Arm
des Mädchens war verbunden, dennoch sickerte das
Blut hervor und färbte die Kissen purpur. Das edle
Mädchen erhielt diese Verwundung bei der Gelegenheit,
als sie mit der Mutter und den anderen Zurückgebliebenen dem abziehenden Vater nachsah und unsere Ankunft erwartete, als die Schurken mit Windeseile vor-
beisprengten, und indem sie hineinfeuerten, streifte eine
Kugel ihren linken Oberarm. Weit entfernt, ob der
Schmerzen zu klagen und zu jammern, reichte sie mit
erzwungener Ruhe ihrem Vater die Hand und die Freude,
denselben unversehrt zurückgekehrt zu wissen, war auf
ihrem Gesichte zu lesen. Fürwahr, kein Mann hätte
stoischer sich benehmen können. Trotz der ungemein zarten
Constitution besaß das Mädchen mehr moralische Kraft
und Selbstverleugnung als mancher bärbeißige Krieger
von Routine. Das Leben in der Prairie, das fortwährende Qui vive, in welchem hier der Haciendabewohner
lebt, es macht auch das Weib zur tapferen und muthigen
Gefährtin des Mannes. Der aufopferndsten Pflege der
Familie gelang es, in überraschend kurzer Zeit Margerita herzustellen und am Vorabende unserer Abreise
nach Bejar feierte sie mit allen übrigen Gliedern der
Familie ein kleines Familienfest, welches Don Michele,
unser hochherziger Hausfreund, aus Anlaß ihrer Gene-
sung veranstaltete.

Schon geraume Zeit herrschte nicht solche Freude in der Hacienda; im Herrenhause beeilte sich Jeder, die genesene Tochter zu beglückwünschen, im Patio und in den Corrals feierten die Peones und Vacqueros mit ihren Mucqueras und Niños durch Gesang und Tanz den fröhlichen Tag. Abweichend von den sonstigen Zwerg= gestalten der Mestizen sah ich ein Paar von ungewöhn= licher Schönheit, welches den so sinnreichen Fandango mit seltener Anmuth tanzte, während die übrigen unter Begleitung von Guitarre und Castagnetten einen landes= üblichen Bolero: L'estrella, sangen.

So ist das Leben des in der Prairie isolirten Ha= cienderos und seiner Familie durchaus nicht eintönig, im Gegentheile, die Episoden wechseln in bunter Reihe.

Wieder standen wir des nächsten Morgens gerüstet zur Abreise, diesmal jedoch auf Nimmerwiedersehen. Noch nie, seitdem ich in der Welt umherirrte, hatte ich mich so heimisch gefühlt, als in der Hacienda de San Juan, und darum wurde mir die Trennung auch so schwer.

So lange noch mein Auge die Hacienda erkannte, ruhte es darauf, doch noch einige Zeit und verschwun= den war die Stätte, wo ich Glück und Friede, Ruhe und Zufriedenheit in einer Familie vereinigt fand.

Ohne jeden Zwischenfall erreichten wir nach zwei kleinen Tagereisen Bejar, wo mich mein Hauswirth mit ungeheuchelter Freude empfing, denn er glaubte mich sicher ein Opfer der Comantschen geworden, indem die Kunde von dem Ueberfalle, der uns betroffen, schon in Bejar verbreitet war.

Die Erlebnisse der letzten Wochen hatten meine Gesundheit erschüttert und schon am zweiten Tage nach meiner Rückkehr mußte ich einsehen, daß an ein Ver= lassen des Ortes nicht zu denken war, obwohl ich einem Freunde zugesagt hatte, mit ihm nach Neu=Braunfels, der deutschen Colonie, zu reisen. Die Ermattung zwang mich, einige Tage das Lager nicht zu verlassen. Doch lange bulbete mich's nicht im Zimmer. Ich raffte mich zusammen und unternahm den Ausflug nach Neu-Braunfels.

Eine ziemlich praktikable Landstraße führt dahin, welche auch sehr frequentirt wird, indem der Handel zwischen beiden Orten ziemlich lebhaft ist. Der Anblick von Bejar ist von dieser Seite (Nordost) am schönsten. Das kleine Städtchen mit seinem massiven, aber alters-grauen Missionshause und der Klosterkirche, die eine der ältesten in Amerika sein dürfte, tritt sehr gut aus dem dunkelblauen Hintergrunde der Sierra de Guadelupe hervor, die im Südwesten der Stadt gegen den Hori-zont verschwindet.

Unser Weg führte uns durch dichte und sehr be-lebte Wälder, in welchen wir die Tanne neben den Platanen, den Ahorn neben den Cacteen und Agave-stöcken fanden. An einzelnen Waldblößen trafen wir blühende Weizenfelder und je näher wir nach Ueber-schreitung des Rio Frio gegen Neu-Braunfels gelangten, desto heimlicher wurde die Gegend. Bald glänzte uns die Spiegelfläche des Rio Guadelupe entgegen und gleich darauf tauchte auch Neu-Braunfels, die deutsche Colonie, auf. Es muß wohl jedem Deutschen, dem sein Ländchen lieb ist, ergreifen, wenn er hier zu Lande, mehr als 1000 deutsche Meilen vom Mutterlande, ein deutsches Städtchen findet. Die biederen, offenen, ehrlichen Züge der uns begegnenden Bewohner verrathen auf den ersten Blick, daß wir nicht in Tejas mehr sind, sondern ein isolirtes Stück Heimatland lächelt uns entgegen. Ein Geschäftsfreund meines Hauswirthes in Bejar, ein alter freundlicher Nassauer, hieß uns willkommen. Die Thränen traten dem Alten in die Augen, als ich ihn ansprach, und er mich als Deutschen erkannte. Des Fragens um sein liebes Ländchen war kein Ende; seine Freude kannte keine Grenzen, als ich ihm gar mittheilen konnte, seinen Heimathsort Schwalbach zu kennen.

Die guten Leute hier in Braunfels, sie sind deut=
scher Sitte, deutschem Rechtsgefühl treu geblieben und
haben es verstanden, die Vorzüge der romanischen und
anglo=amerikanischen Race sich eigen zu machen, und
so darf es nicht Wunder nehmen, daß die Colonie rasch
aufgeblüht ist.

Welch freundlichen Eindruck gewähren nicht die
rein weißgetünchten, mit Schindeldächern versehenen
Häuser, die kleinen Gärtchen dazu, im Gegensatze zu
denen der Tejaner. Während die Amerikaner, wo deren
drei beisammen sind, eine Zeitung gründen, rufen die
Deutschen eine Schule ins Leben, und so sahen wir
denn auch in Braunfels die Schule von Kindern aus
entlegenen Orten besucht.

Die angenehmen Eindrücke, welche ich hier sam=
melte, die aufopfernde Gastfreundschaft des Landsmannes
gaben mir auch meine Kräfte völlig zurück; in jeder
Hinsicht war es mir lieb, vor meinem Scheiden vom
tejanschen Boden noch ein Stück Deutschland gesehen
zu haben.

Nach mehr als einwöchentlichem Aufenthalte kehrte
ich nach Bejar zurück und begann sogleich mich für
die Abreise zu rüsten. Zwei Jahre hatte ich Uncle Sams
Land durchstreift, nirgends länger als einige Wochen
mich aufhaltend; ich fühlte das Bedürfniß nach Ver=
änderung und war entschlossen, nach Afrika zu gehen.
Von Bejar nach Neu=Orleans zu reisen, war nicht sehr
rathsam, indem es von allerlei Gesindel in Tejas und
auch in Louisiana wimmelte, überdies zog es mich un=
widerstehlich nach Süden, die schneebedeckten Häupter
des Popecatepetl und des Pik von Orizaba übten
eine mächtige Anziehungskraft auf mich aus.

Andererseits war wieder die große zu durchmessende
Strecke von Bejar bis Veracruz, die unsicheren Zustände
in Mejico nur geeignet, meinen Entschluß wankend zu
machen. Aus diesem unerquicklichen Dilemma wurde ich

durch die mir von meinem Hauswirthe gebrachte Nach=
richt herausgerissen, daß in der nächsten Zeit ein grö=
ßerer Handelsconvoi nach Monterey in Mejico abgehen
würde, welchem mich anzuschließen er mir rieth.

In der Folge erfuhr ich, daß mir mein Hauswirth
in Bejar den freundschaftlichsten Rath gegeben hat. Ich
entging dadurch zahlreichen Unfällen und Bedrohungen,
die mich im Falle getroffen hätten, wenn ich die Reise
allein oder in kleiner Gesellschaft gemacht hätte.

Die Reise durch die mit dichtem Wald und ab=
wechselnd mit üppigen Prairien bedeckten Flußniede=
rungen des Rio Nueces und Rio Santander bot keinen
besonderen Reiz. Eine Scene aber bei dem Uebergange
über den Rio Nueces wird nicht sobald meinem Ge=
dächtnisse entschwinden.

Die Ufer des Rio Nueces sind hier ungemein
sumpfig, dichtes Rohr und Schilf, sowie verankertes
Schlinggewächs unter dem Wasserspiegel bieten den un=
heimlichen Alligatoren einen günstigen Versteck, aus dem
sie mit wahrer Heißgier auf ihre Opfer losstürzen. Wir
hatten beinahe schon Alle den Fluß passirt, als ein herz=
zerreißendes Geschrei uns in die Ohren drang. Jeder
von uns eilte zurück zum Ufer, wo sich ein Schauspiel
darbot, das Jeden von uns erschütterte. Ein Peon
von der bewaffneten Nachhut wollte oberhalb des von
uns gewählten Ueberganges mit seinem Maulthiere den
Fluß übersetzen; kaum einige Schritte vom Ufer ent=
fernt, bleibt sein Thier im Schlamme und in den Schling=
gewächsen festgebannt, während durch das Geräusch an=
gelockt, zwei jener häßlichen Ungeheuer sich auf ihr Opfer
stürzten. Bevor der Arme Anstalten zu seiner Verthei=
digung machen konnte, hatte einer dieser Unholde seinen
linken Fuß erfaßt und ihn rundweg abgebissen. Ein
markdurchdringender Schrei, den wir eben gehört hatten,
folgte diesem schrecklichen Augenblicke. Eine Salve wohl=
gezielter Schüsse verscheuchte die Alligatoren, worauf

einige Peones sich anschickten, ihren Gefährten aus seiner schrecklichen Lage zu befreien, was ihnen nach unsäglicher Mühe gelang; das Maulthier mußte aber geopfert werden, ein gutgezielter Schuß ersparte ihm die Qualen unter den Zähnen der Kaimans. Der Bedauernswürdige, dem der Unterschenkel fehlte, gab, bevor wir noch unsere Nachtstation erreicht hatten, in Folge des großen Blutverlustes seinen Geist auf.

Einige Tage nach dieser traurigen Episode hatten wir Laredo und damit die Grenze des Sternenbanner-Territoriums, erreicht; vor uns wälzte sich der hier über 1 Kilometer breite Rio Grande del norte seine schmutziggrünen Fluthen zum Golfe, und vom jenseitigen Ufer tönte uns ein hundertstimmiges Viva la liberdad entgegen.

Nahezu zwei Jahre im Yankeelande umherziehend, kaum länger als einige Wochen an einem Orte verweilend, Freud und Leid, Glück und Unglück stets allein tragend, erreichte ich die Südgrenze dieses ausgedehnten Gebietes.

Was meiner jenseits des Rio Grande wartete, konnte ich nicht ahnen; daß es nicht besser war, als das bisher Erlebte, vermuthete ich — und meine Vermuthung, sie ward nicht zu Schanden.

Von Mejico nach Veracruz.

Die Seen von Quantitlan lagen hinter uns, noch einige Leguas und wir hatten unser Ziel erreicht.

Nachdem in Quantitlan die Maulthiere gewechselt worden waren, ging es frisch und munter weiter gegen Montezuma's Residenz, „das schönste Ding der Welt", wie es Cortez nannte. Nicht nur den Anblick der Stadt, sondern ebenso auch die gehoffte Ruhe erwartete ich sehnsuchtsvoll, und so kam es, daß mir das abscheuliche Stoßen und Humpeln unseres Räberkastens recte Diligenza nicht auffiel, um so mehr, als unser Cochero uns versicherte, daß es keine bessere Straße in Mejiko gebe, führte sie doch den Namen Camino imperial. Daß dieser mas bueno Camino an einigen Stellen ärger aussah als der schlechteste Karrenweg in den Apenninen oder die Straße zwischen Szolnok und Pest nach dreiwöchentlichem Regen, erfuhr ich leider in einer für meinen Körper eben nicht sehr zuträglichen Weise.

Noch eine kleine Wendung der Straße und da lag sie, die Hauptstadt der Azteken; der passendste Vergleich, den ich anstellen kann, eine kostbare Perle in der werthlosen rauhen Schale.

Hätte ich nicht die Ueberzeugung gehabt, auf dem vulkanischen Boden Centralamerikas zu stehen, so hätte ich gewähnt, irgend eine Stadt des Moslem oder eine Moskowitenresidenz vor mir zu haben.

Ein Wald von Thürmen und Kuppeln erhob sich aus dem monotonen Meere von durchaus mit gitterumfaßten Terrassen gekrönten Häusern, über allen die mit Statuen reich verzierten Thürme der Cathedrale. Wie ein Kranz von glitzernden Edelsteinen begrenzten die übrigens auch wirklich an Gold und Mineralien reichen Berge von Chapultepec und Tacobaya im fernen Südosten die Massen, der Ixtuacahatl violett in der Sonne spielend. Ich erinnere mich weniger Städte Europas, welche eine so schöne Lage besitzen, wie eben Mejico, selbst die Siebenhügelstadt an der Tiber, sie hält keinen Vergleich aus.

Einem schwimmenden Garten gleich, liegt Mejico in Mitte von sechs großen Seen, welche durch Canäle mit der Stadt verbunden sind. Das große, mehr als den Flächenraum von österreichisch Schlesien einnehmende Thal von Mejico gleicht einer antiken Arena, in dessen Mitte der Kampfplatz, die Stadt, gelegen ist, und wahrlich, wenn man die Geschichte dieses wenn auch von der Natur mit überschwänglichen Gaben ausgestatteten, sonst aber unglücklichen Landes durchliest, so ist dieser Vergleich wohl mehr als zutreffend.

Immer belebter wurde die Straße, je näher wir der Stadt kamen, eine endlose Reihe von zweirädrigen schwerbeladenen Karren, denen gewöhnlich sechs bis acht Maulthiere vorgespannt sind, hielt unsere Diligenza auf. Ein heilloses wirres Geschrei, betäubend für jeden, der nicht ein indianisches Trommelfell besitzt, peinigte unser Gehör; „Mula, Macho, Andales" tönte es wirr durcheinander, doch die halsstörrigen Bastarde von Langohr wollten nicht weiter, denn an der Tête der ganzen Wagenreihe lag der Hase im Pfeffer. Der vorderste Wagen lag in einem der zahlreichen Löcher, mit welchen der Camino imperial geschmückt war, und bevor nicht diese Barre geöffnet wurde, war ein Weiterkommen nicht denkbar, da die Straße nicht breiter war. Daß die Diligenza nicht tausendmal über die Neigung des Thurms zu Pisa hinauslangte, verwunderte mich oft, doch in solchen Fällen verliert ein echter Cochero seinen Gleichmuth nicht, seine Virtuosität im Lenken des Wagens sucht seines Gleichen und ich würde es den Sportlieb= habern in Europa empfehlen, dieses Genre zu cultiviren, es ließe sich damit viel Ehre aufheben.

Das Hinderniß war endlich überwunden und wir hatten bald die Querita von Guadelupe erreicht. Neuer Aufenthalt, bis die Douaniers alles durchschnüffelt und die widerwärtigen französischen Gensdarmes mit ihren abgefeimten Gesichtern die Pässe eingesehen hatten.

Es hieß zwar, daß Maximiliano I. Kaiser sei, in Wahrheit aber war es Bazaine, der mit seinen Crea= turen mit empörender Willkür in dem ihm zugänglichen Theile des ausgedehnten Landes hauste. Seinen Räu= bereien wurde nur da ein Ziel gesetzt, wo die Liber= tines seine Turcos und Zuaven mit blutigen Köpfen heimschickten, wie es in der Sonora, sowie in Parras und ganz in der Nähe von Mejico, einige Wochen vor meiner Ankunft, unfern von Tepeji del Rio geschehen war.

Nach drei martervollen Wochen hatte ich endlich wieder einmal Ruhe; von Matamaros bis Mejico in continuo zu reisen, war eine Höllenaufgabe, doppelt heiß bei den erbärmlichen Zuständen im Lande. Der Körper war von den Anstrengungen wie gerädert, die Seele von der Erinnerung empörender Anblicke und Scenen gefoltert; in einem erbarmungswürdigen Zustande traf ich und mein Reisegenosse von Monterey ein. Besonders meinem Reisegefährten fiel eine Zentnerlast vom Herzen, als er sich innerhalb der Querita wußte, denn zweimal stand ihm auf der Strecke von Monterey bis hierher der Todesschweiß auf der Stirne, zweimal entging er nur mit knapper Noth dem Tode durch den Strang. Meine armselige Wenigkeit schützte mein deutscher Paß und meine Nationalität.

Nach drei Wochen wieder einmal ein angenehmes freundliches Bild, einige Ruhe und Sicherheit; das über

dem Reisenden schwebende Damoklesschwert, es beäng-
stigte nicht mehr, obwohl es nicht schwand.

Meson be Guadelupe hieß das Absteigequartier,
so stand es mit riesigen Lettern auf dem Hause geschrieben,
ein Park von Diligenzen stand im Hofe und im Corral.
Ich übergehe die Schilderung eines mejicanischen Al-
bergo, man thut besser, wenn man davon schweigt und
in das Unabänderliche sich fügt.

Festliches Geläute weckte mich aus dem Schlafe,
jedes Haus in Mejico schien mit Glocken versehen zu
sein, in Wahrheit aber ertönte von allen Thürmen und
Klöstern der Mahnruf zum Gebete. Wenn hier zu Lande
das Geläute nicht wesentlich anders und schöner klingen
würde, als in unserer Heimat, so müßte ich vollständig
taub geworden sein, denn Mejico zählt nach einer von
mir vorgenommenen Schätzung mehr als 90 Kirchen
und Klöster; so aber klang das Geläute wie ein har-
monisches Glockenspiel, und es war mir später immer
ein angenehmer Zeitvertreib, dem Geläute des aus
Silber gegossenen Ave Maria-Glöckleins zuzuhören.

Nachdem ich mich in mein bestes Gewand geworfen und meinen reichgestickten Sombrero (recte Diskus-
scheibe) aufgestülpt hatte, eilte ich auf die Gasse, wo
das lebhafteste Treiben herrschte.

Die Stadt hatte ein eigenthümliches, festliches
Gepräge. Die Kaufläden waren alle geschlossen; als ich
auf die schöne große Plaza mayor kam, sah ich eine
wogende Menge, die mit Ungeduld auf etwas zu warten
schien. Mein Leben in der Prairie von Tejas und Arkansas hatte mich die christliche Zeitrechnung beinahe
vergessen machen, so daß ich mir dieses Treiben hierlands nicht erklären konnte. Auf mein Fragen erfuhr
ich denn, daß heute der erste Weihnachtstag gefeiert
werde, und daß man zu der vor der Messe veranstalteten
Procession die Ankunft des Emperador erwarte. Ich
flüchtete mich unter die den Platz auf zwei Seiten um-

säumenden Portales (Bogengänge wie in den meisten
italienischen und spanischen Städten, eine der besten und
praktischesten Einrichtungen) und gewann auch einen Platz
auf einer Tribüne, nachdem ich dem Pepero meinen
Obulus in Gestalt einiger Reales in die Hand gedrückt
hatte.

Von dem auf der Ostseite des Platzes, der nebenbei bemerkt mit Marmor gepflastert ist, liegenden National-
palast, der über 160 Meter lang, aber durchaus von
keiner architektonischen Schönheit ist, sondern vielmehr
den großen Ecurien zu Paris ähnelt, wehte die grün-
weißrothe Nationalfahne. Gegenwärtig hatte in diesem
Hause Maximilian I. seine Residenz aufgeschlagen, während er im Sommer in Chapultepec und Tacobayo
residirte. Aller Augen waren auf das Portale des Pa-
lastes gerichtet, wo der Kaiser in der Uniform der Miliz,
umgeben von seinem Stabe, an der Front eines Ba-
taillons Muchachos von Mejico vorüber und gegen das
Thor der Kathedrale schritt, woselbst er von dem Erz-
bischof empfangen wurde.

Sobald die Procession sich in Bewegung gesetzt
hatte, ertönte wieder das melodische Geläute der Glocken,
während auf den Dächern der umliegenden Häuser unaufhörlich Petarden und Raketen abgebrannt wurden,
denn auch hier in Mejico fehlt bei den Feierlichkeiten
niemals das Pulver.

Nach beendigter Procession suchte ich den Eingang
in die Cathedrale zu erreichen, was jedoch bei dem
massenhaften Andrange nicht möglich war.

Planlos irrte ich in der Stadt umher, und ich
muß gestehen, daß mit jedem weiteren Schritte mein
Interesse gesteigert wurde, so daß schon die Sonne die
Berge im Osten mit Rosentinten färbte, als ich meine
provisorische Heimstätte erreichte.

Soviel es in meinen Kräften steht, will ich hier
meine Beobachtungen und die Eindrücke wiedergeben,

welche ich während eines vierzehntägigen Aufenthaltes gemacht, und welche der Anblick des Lebens und Treibens der Bewohner auf mich geübt hat. Alle Vorzüge, welche die von spanischen Abkömmlingen bewohnten Städte der neuen Welt besitzen, aber auch alle Schattenseiten derselben vereinigt Mejico in sich, das Gesammtbild ist ein von jeder Stadt unseres Erdtheils wesentlich verschiedenes. Wohl war mein Auge schon an die Regelmäßigkeit der Straßen und Häusercomplexe, an die mehr oder minder polygonen Gestalten der Städte gewöhnt, denn auch in den Südstaaten der Union vermißt der Europäer die krummen Winkelgassen der Heimatstädte; doch sind die meisten Städte in Arkansas und Tejas klein und die Gebäude größtentheils hölzerne Baracken.

Hier in Mejico aber ist diese Regelmäßigkeit mit Schönheit, Pracht und Großartigkeit gepaart, und unterscheidet sich von den Großstädten Europas in dieser Beziehung nur durch einen ungewöhnlichen Schmutz, der aber in dem Leben und Treiben der Bewohner seine hinreichende Erklärung findet.

Die Stadt gleicht einem vollkommenen Quadrate, deren Häuser durch geradlinige, breite und gutgepflasterte Straßen in gleichgroße Quadrate getheilt werden. Die Häuser sind beinahe durchgängig massiv gebaut und sehr viele drei Stockwerke hoch, die Dächer sind flache Terrassen, welche mit zierlichen Gittern umsäumt sind.

Im Herzen der Stadt liegt die oben erwähnte Plaza mahor, einer der schönsten und größten Plätze Amerikas.

Zur Zeit meines Aufenthaltes aber war er in einen gartenähnlichen Marktplatz umgewandelt, wo die Mejicanerinnen und auch die Bewohner der Umgegend, größtentheils Indianer, ihren Weihnachtsbedarf an Dulce requirirten.

Es war die beste Gelegenheit, Studien über die
verschiedenen Typen der Bewohner, und Bewohnerinen
zu machen.

Vor Allem tritt die nach europäischer, sogar nach
neuester Pariser Mode gekleidete Creolin hervor, nur
ihre hier zu Lande obligate Mantille und der Schleier
verräth ihre Heimat, während ihr Gatte, getreu der
Landestracht, die kostbare Sarape und die mit Silber=
stücken reichbesetzte Jacke trägt, deren Manchas (Aermel)
mit Gold gestickt sind; auf dem Kopfe balancirt ein
mit Gold= und Silberstickereien überladener Sombrero
von zwei Fuß Durchmesser. Im Bewußtsein ihrer
klingenden Vorzüge ist auch ihr Benehmen das unserer
europäischen Junkerfamilien, denn blaues Blut bleibt
sich in der alten und neuen Welt gleich. Hier wie dort
glaubt sich der Hidalgo und Caballero ein höheres Wesen.
Einen scharfen Contrast bilden die in scheuer oder
bettelnder Unterwürfigkeit heranbrängenden Leperos, den
Lazzaronis des europäischen Gartens zu vergleichen, doch
doch wo möglich noch schmutziger, fauler und lasterhafter
als diese. Ein viel freundlicheres Bild gewähren die,
wenngleich auch nothdürftig gekleideten Indianerfamilien,
welche herbeigeströmt sind, um ihre Einkäufe zu machen.
Während meines ganzen Aufenthaltes in Mejico hatte
ich stets bemerkt, daß die braunen Indianer der arbeit=
samste, ruhigste, genügsamste und, was besonders zu erwäh=
nen, der ehrlichste Theil der Bevölkerung sind. Wahrhaft
rührend ist ihre Pietät für das Alter, wenn auch die Begeg=
nungsceremonien die Lachmuskeln erregen. Es war daher
für mich ein befremdender Anblick, als ich alle Augen=
blicke zwei Indianer wahrnahm, welche mit den Knie=
scheiben aneinander stießen und die inneren Handflächen
gegeneinander hielten, wobei auch der jüngere den älte=
ren auf die Stirne küßte.

In dem wirren Geschrei der Verkäufer und Verkäufe=
rinnen, welche in ihren mit Waaren überfüllten Alacenas

(Buben) kaum zum Vorschein kamen, vernahm man deutlich die Rufe der Aguabieros (Wasserträger), welche ein großes eisernes oder meistens aus ungegerbter Schweinshaut ver= fertigtes Gefäß mit Trinkwasser herumtragen und es feil= bieten. Diese Sorte von Menschen, die mit ihren über die Stirne liegenden Tragriemen des Wassergefäßes einen höchst widerlichen Anblick bieten, sie sind noch die besten unter der Schaar der Leperos, welche Nachts die Gassen der Residenz unheimlich machen.

Unter den Portales de los mercaderes prome= nirt die schöne Welt, umgeben von ihren Caballeros, kleine duftende Cigaritas schmauchend und diverse Herzens= angelegenheiten schlichtend. In der Wahl der Stell= dicheins und Rendez-vous sind übrigens hier die Damen nicht verlegen; ein sehr beliebtes Rendez-vous sind immer die Weihwasserbrunnen an den Ausgängen der Kirchen.

Die Verkaufsläden sind wahrhaft prachtvoll, Gold= und Juwelierarbeiten reihen sich an die reichsten Som= breronieberlagen, welche das Auge blenden. In der wogenden Menge, welche nach Sonnenuntergang die Portales belebt, mischen sich auch dann die Blumen=, Orangen= und andere Verkäuferinen.

Auf der Nordseite dieses schönen großen Platzes erhebt sich die imposante Kathedrale, welcher zunächst unser Besuch gilt, denn wer nur einigermaßen den Reich= thum des Landes an Edelmetallen und sonstigen Schätzen kennen lernen will, der suche die Kirchen und Klöster auf, deren es im Lande eine erkleckliche Anzahl gibt. Auf meiner ganzen Reise von Matamoras bis Vera= cruz konnte ich nicht oft genug staunen über die Menge von Klöstern und Kirchen; ich erinnerte mich nicht eines noch so kleinen Ortes, kaum 100 Einwohner zählend, der nicht welche besessen, und deren innerer Reichthum manche unserer europäischen Stadtkirchen weit übertraf. Auf der Strecke von Queretaro bis Mejico wurde ich stets durch das melodische Geläute der Kirchenglocken der an der Straße liegenden Orte in einer regen Stimmung erhalten.

Schön äußerlich macht die Kathedrale von Mejico einen imposanten Eindruck; durch ihre Frontlänge von 160 Meter und bei einer Tiefe von 130 Meter dürfte sie gewiß auch dem umfangreichsten Dome unserer alten Welt nicht viel nachstehen. Rechts und links des großen Portals erheben die mit ziemlich geschmacklosen Statuen, größtentheils Heilige aus dem Mönchsorden der Domi= nikaner und Jesuiten darstellend, reich versehenen Thürme ihre mit vergoldeten Kreuzen versehenen Spitzen in die Lüfte, weit über alle anderen Gebäude hervorragend.

Wenn wir durch das große Portal in das In= nere eintreten, so ist unser Auge durch den Anblick des mit Gold und Juwelen überladenen Hauptaltars und der Rotunde förmlich geblendet.

Ein Meisterstück spanischer Baukunst muß die große Rotunde, über welche sich die riesige Kuppel wölbt, genannt werden; die drei Längsschiffe der Kirche, durch mächtige Marmorsäulen von einander geschieden, sie bergen jedes einen ungeahnten Reichthum an Edelme= tallen, womit die meist aus hellgrünem polirten Por= phyr hergestellten Altäre bedeckt sind. Vor dem Haupt= altare fesseln zwei riesige Kandelaber, aus getriebenem Golde gefertigt, die Aufmerksamkeit; ihr Werth allein würde genügen, die Schulden manches europäischen Kleinstaates zu tilgen. An der Ostseite des Innern fällt uns ein unbearbeiteter großer Marmorblock auf, der zum Theile in der Mauer steckt und dessen eine polirte Fläche mit großen und zahlreichen Hieroglyphen bedeckt ist; es ist der Kalenderstein der alten Mejicaner, worauf ihre Monate verzeichnet stehen. Unweit des Hauptein= ganges befindet sich, von einem Gitter umrahmt, der mit Hieroglyphen aller Art reich versehene 3 Meter im Durchmesser habende Opferstein aus Porphyr, von

welchem die Geschichte behauptet, daß die alten Mejicaner
ihrem Sonnengotte darauf die Menschenopfer dargebracht
hätten. Eine Schaar müßiger Leperos, denen das eigentliche Handwerk, das sie treiben, aus den Gesichtern zu
lesen ist, bettelt die Ein- und Austretenden an, oder
bietet Rosenkränze und Muttergottesbilder feil. Hinter
den verschiedenen Altären und im Dämmerlichte der
Beichtstühle flüstern liebeserfüllte Caballeros mit ihren
dunkeläugigen Señoritas; wo anders als hier, läßt
sich's ungestört plaudern und gegenseitig Liebesschwüre
austauschen, da hier überdies Santa Madonna del Carmen ihren Schutz und Segen gibt und sich aller in
derlei Angelegenheiten Bedrängten annimmt. Mit der
unschuldigsten Miene der Welt verläßt die Señorita
mit ihrer Dueña die Kirche, das friedliche Stelldichein,
und nimmt mit unnachahmlicher Grazie das ihr vom
Caballero gereichte Weihwasser hin.

Wir verlassen die Kathedrale und betreten die
Plaza mayor. Uns gegenüber drängt ein dichter Menschen-
knäuel gegen ein großes Haus, das, wie ich erfuhr, das
Ayuntamiento, das Stadt- oder Rathhaus, ist, in dessen
Räumen auch die Börse sich befindet. Nicht nur die alte
Welt, in noch höherem Maße ist die neue Welt und
besonders dieser Theil mit den problematischen Segnungen des Lotteriewesens bekannt, denn eben diese sich
drängende und einander stoßende Menge stürmt die
Stufen des Stadthauses hinan, um einer Ziehung beizuwohnen. Den traurigsten Eindruck machte der National-
palast; er glich mit seiner unendlich langen Façade mehr
einem Krankenhause oder einem Gefängnisse, nie aber
einer Residenz.

In den vierzehn Tagen meines Aufenthaltes be-
gegnete mir oft ein sehr einfach gekleideter Reiter, der
stumm ohne jede Begleitung durch die Calle de la
Primera monterilla ritt, sichtlich damit beschäftigt, die
Wünsche der Passanten aus ihren Gesichtern zu lesen.

7

Sein höchst einfacher Sombrero beschattete das von einem blonden Vollbarte umrahmte Gesicht, verhinderte aber nicht, seine fremdländische Nationalität zu erkennen. Das Auge desjenigen, der ihn im Scalatheater zu Mailand oder auf der Piazza San Marco zu Venedig gesehen, täuschte die eigenthümlichen Verhältnisse des Wiedersehens nicht, ja, es war Maximilian, der erste Seemann Oesterreichs. Wer hätte es geahnt, wie ver= mochte sich die erregteste Phantasie zu dem Gedanken verirren, daß sechs Monate später das Leben eines zu den schönsten Hoffnungen berechtigenden Mannes vernichtet sein sollte. Doch wenn die Geschichte der letzten 50 Jahre dieses, einem ununterbrochen thätigen Vulcan gleichen= den Landes uns näher bekannt ist, so verlieren die traurigen Ereignisse von Queretaro an dem überraschen= den Eindrucke, den sie im ersten Augenblicke machen mußten. Iturbides Schicksal hätte eine eindringliche Mahnung sein können; daß sie unbeachtet blieb, zog die bekannten beklagenswerthen Katastrophen nach sich. Völlig unglaublich erschien mir die Erzählung eines grauköpfigen Alcalden in Potosi, der einzelne Episoden aus der Geschichte des Landes in ergreifender Weise schil= derte. Die Ermordung Guereros und anderer Präsiden= ten dieses von den Schrecken der Anarchie heimge= suchten Landes waren unmöglich geeignet, dem neuen Kaiserreiche eine rosige Zukunft zu prognosticiren.

Der Reiter verschwindet im Gewimmel der Straße, und wir werden aus unseren Gedanken durch einen schrillen Pfiff aufgeweckt; es ist ein Waggon der Pferde= bahn (Ferrayo-carril), welche nach dem schönen Schlosse von Tacobayo führt. In Mejico ist dies das beste und bequemste Vehikel, und daß eine solche in der Stadt Montezumas existirte, zeigte mir den Einfluß der anglo= amerikanischen Völker auf Mejico, wie denn überhaupt selbst bei dem Umstande, daß die Hauptverkehrsadern und industriellen Orte von französischen Handelsleuten überschwemmt waren, welche unter dem Schutze ihrer nationalen Waffen sich beträchtlich bereicherten, die Industrie, der Handel und Communicationsbau in den Händen der Yankees ist, denen heute oder morgen das Land als reife Frucht in den Schooß fallen wird und muß, was nur zum Vortheile dieses, die Behauptung ist nicht übertrieben, reichsten Landes der Erde wäre.

Ein Ausflug nach Tacobayo ist in jeder Hinsicht lohnend. Nicht nur, daß der Fremde in dem großen schönen Klostergarten, der eben in einen Spitalgarten umgewandelt war, sich am Anblicke einer üppigen Vegetation erholen konnte von dem monotonen Eindrucke der Häuserquadrate und aus dem Getümmel der schreienden, schwätzenden und kneifenden Menge hier Ruhe fand, sondern er genoß auch einen sehr dankbaren Ueberblick über „das schönste Ding der Welt", und es bietet sich Gelegenheit, die sehr interessante, wegen der vulcanischen Natur des Bodens besuchenswerthe Umgebung kennen zu lernen. Auf der Fahrt dahin fällt dem Fremden zuerst das großartige und schönste Gebäude von Mejico, die Escuela de mines (Bergschule) auf, welche drei Stockwerke hoch und, ein großes Areal bedeckend, durch die hellgrüne Farbe des Baumaterials (Porphyr) weithin sichtbar ist.

Wir fahren westwärts, die Häuserquadrate liegen hinter uns, ein langgestreckter, beinahe eine halbe Legua langer, mit einer Doppelallee bepflanzter Platz, belebt von einer in den buntesten Farben gekleideten, lustwandelnden Menge, einer fröhlichen Schaar brauner und weißer Kinder, welche unter dem dichten und schattenspendenden Laubbache von schlanken Akazien, Ahorn und Platanen ihrer Jugendlust freien Lauf lassen, läßt uns den Paseo von Mejico vermuthen, was uns auch eine Aufschrift bald bestätigt.

In geringer Entfernung davon treffen wir die Alameda, den besuchtesten und belebtesten Platz von Me-

jico, der die Größe der Plaza mayor besitzt und als
Park den bestangelegten der alten Welt nichts nachgibt,
nur mit dem Unterschiede, daß die Natur ihn verschwen=
derischer als diesseits der Atlantis ausgestattet hat.
Während die Portales auf der Plaza mayor den
Versammlungsort der Bevölkerung in den Abendstun=
den und bei dem Schein der hellleuchtenden Gasflam=
men bildet, und die einzelnen Schichten und Classen
der Gesellschaft dort bunt durcheinander gewürfelt sind,
finden wir die Crême der Gesellschaft, die Classen der
high life hier völlig separirt von den als Halbmen=
schen erklärten Mulatten und Indianerabkömmlingen,
in den späteren Nachmittagsstunden nach der landes=
üblichen Siesta promeniren. Das obligate Gespräch ist
Politik und Revolutionsgeschichte, Regierungsintriguen
und Aehnliches, denn an derartigem Stoff fehlt es hier
zu Lande nie.
Zwei lange und großartig angelegte Aquäducte
fesseln weiterhin unsere Aufmerksamkeit; der erstere führt
frisches Gebirgsquellwasser von Santa=Fé zur Alameda
und speist die zahlreichen Fontainen der westlichen
Häuserquadrate, der zweite leitet das Wasser der zahl=
reichen Quellen, welche auch die Teiche und Seen von
Chapultepec nähren, nach der Stadt, versieht aber die
damit betheiligten Bezirke mit sehr trübem Wasser, das
mitunter von in Fäulniß übergehenden Pflanzentheilen
duftet. Eine aller Vegetation bare Hügelreihe von röth=
lichbrauner Farbe begrenzt den Horizont, ein wenig
erquickender Anblick für das an die im saftigsten Grün
prangenden Prairien am Red River verwöhnte Auge.
Nimmt man sich die Mühe, einen dieser nicht viel
mehr als 200 Meter hohen, kegelförmigen Hügel, von
den Franzosen kurzweg Mamelon genannt, zu ersteigen,
so ist das Auge durch die zarte und üppig wuchernde
Flora im Innern der Krater dieser erloschenen Vulcane
angenehm überrascht, die monoton graurothe Farbe der

Lava trägt zur Erhöhung des Contrastes nur bei. Sie
scheinen in der Entfernung große Hünengräber zu sein,
welche ein zu Grunde gegangenes civilisirtes Volk decken.
Tacobayo selbst verdankt nur dem Aufenthalte des
jeweiligen Präsidenten und gegenwärtig des Kaisers seine
Bedeutung als Erholungsort der wohlhabenderen Hidalgos=
familien der Stadt. Im Südwesten sieht man die Zin=
nen und Thürme des Schlosses Chapultepec im hellen
Sonnenlichte erglänzen. Die Räume dieses ausgedehn=
ten Schlosses waren stumme Zeugen höchst trauriger
Scenen; vor kurzer Zeit verließ sie die Kaiserin in
tiefgedrückter Stimmung, wohl mit einer Ahnung der
verhängnißvollen Zukunft.

So mochte es sein, denn ich hörte auf meiner
Reise von Mejico nach Veracruz allerorten, daß die
Kaiserin in ihrem Wagen viel geweint hatte; einen
ironischen Contrast hiezu bildeten die an allen Orten
aufgestellten Triumphpforten und Begrüßungsdeputatio=
nen, die festlich geschmückten Straßen, die Transparente mit
ihrem obligaten: Viva l'emperador y la emperadriz.

Vergebens sucht das Auge hier auf dem Hoch=
plateau von Mejico, speciell im Thale von Mejico, an
den Ufern der zahlreichen Seen, in den öffentlichen
und Privatgärten, Palmen und Bananen, Mangobäume
und Guyave, und wie sie alle heißen die köstlichen
Früchte der Tropen. Dagegen umsäumen undurchdring=
liche Hecken von Stechcactus und Agavenunterholz die
Straßen und Gärten und wehren allen unbefugten Ein=
dringlingen energisch den Zutritt. In den Gärten macht
das gute Einvernehmen zwischen unseren europäischen
Obstbäumen und den mit Früchten überladenen Oliven=,
Citronen= und Orangenbäumen einen angenehmen Ein=
druck, während das Auge durch die reiche Farbenpracht
der Passifloren entzückt wird.

Die Sonne vergoldete schon die in ewigem Schnee
gehüllten Häupter der zwei Cordillerenriesen am Ostrande

der Thalebene; gleich Myriaden von Edelsteinen glitzert
der Schnee und das Eis, das Einen versuchen könnte
zu glauben, daß diese gewichtigen Massen von abkühlen-
dem Materiale den riesigen Gesellen alle Neigung zu
Zornesausbrüchen verzehen ließen; doch dem ist nicht
so, sie schlummern nur, um plötzlich sich in ihren mächtigen Eruptionen zu zeigen und den umliegenden Bewohnern ihre ungeschwächte Herrschaft fühlen zu lassen.
Doch wir werden später ihnen sehr nahe an den Leib
rücken, da die Straße nach Vera-Cruz an ihrem Fuße
vorüberführt, und nehmen von der schönen westlichen
Umgebung Mejicos Abschied. Bei unserer Rückfahrt
finden wir wieder in allen Straßen das regste Leben,
auf den Balconen und Erkern der verschiedenen statt-
lich aussehenden Häuser schäkern die dunkeläugigen
Mädchen und lassen es merken, daß die beaufsichtigende
Dueña eingeschlafen oder durch süße Worte zum Schwei-
gen gebracht ist, während Eltern und andere Verwandte,
denen das Wohl der diversen Töchter nahe gelegen, auf
der Terrasse des Hauses Siesta halten. Diese Stunde
ist ja vorzüglich dazu bestimmt, den unten vorüberwan-
delnden Verehrern kleine Zettelchen in Form von Can-
diten und anderweitigen Süßigkeiten zuzuwerfen, welche
mit vor Glückseligkeit strahlender Miene sich in der
Thoreinfahrt verlieren, um den Ort des nächsten Rendez-
vous zu erfahren, denn nichts anderes enthält das Zettelchen; da heißt es gewöhnlich: Beim Altare des San
Juan, San Jose, der San Maria de Guadelupe oder
de los Carmen und so ins Unendliche fort, zur Zeit des
Abendsegens. Doch nicht allein solch delicate Geheimnisse,
sondern auch im Gegentheile witzige und oft derbe Ab-
fertigungen für unliebsame und verschmähte Freier, zu-
bringliche, unangenehme Verehrer und besonders alte
Hagestolze enthalten diese süßen, von unsichtbarer Hand
geworfenen Projectile, welche oft mit raffinirter Grausamkeit einen hervorragenden Gesichtsvorsprung sich zum Ziele

wählen. Ich erinnere mich bei dieser Gelegenheit, da eben von Mädchen und Frauen Mejicos die Rede ist, einiger Thatsachen, welche auf die Sittlichkeitszuftände des Landes zur Zeit der französischen Occupation ein arges Streiflicht werfen, und welche Zuftände, wie ich allgemein hörte, sonft auch nicht viel beffer wären. Jedenfalls mußte die Anwesenheit der französischen Truppen nur schädigend für Sitte und Rechtsgefühl in der Bevölkerung wirken. Es geriethen da zwei romanische Völkerfamilien aneinander, die jede für sich wo möglich noch laxere Begriffe von Sitte und Ehrbarkeit im Umgange mit Frauen hatte, und welche den Ehebruch eben nicht als Verbrechen, sondern als kleine Schwäche der Frauen bezeichnete. Ich weilte eben in Monterey (eine der schönftgelegenften Städte der neuen Welt, daher auch die Königin der Berge genannt) und hatte mich in der Meson de Guadelupe inftallirt, als ich schon am zweiten Tage eine sehr pikante Neuigkeit erfuhr, welche in der Stadt verbreitet war. Einer der erften Gerichtsbeamten des ftädtischen Tribunals hatte eine sehr hübsche junge Frau, welche bisher als höchst achtbar galt und ihrem Manne die versprochene Treue noch nicht in flagranter Weise gebrochen hatte (kleinere Vergehen als flagrante werden hier zu Lande nicht beachtet, da es hier Sitte ist, sich von verschiedenen Verehrern Schmeicheleien sagen zu laffen und mehrere Hausfreunde bei sich zu empfangen, welche in der Wahl der dargebrachten Huldigungen nicht selten den Rubicon des häuslichen Anftandes überschreiten). Doch wegen derlei Bagatellen läßt sich der Ehemann kein graues Haar wachsen. Das Verhängniß führte Chasseurs d'Afrique nach Monterey, für jeden patriotischen Mejicaner waren es gewiß keine Freunde, doch die Frauen waren in dieser Hinsicht nicht so difficil, das Machtgebot der Liebe überwog alle patriotischen Bedenken, und so auch bei der Frau unferes Alcalden. Ein junger Lieutenant dieser Truppe hatte es ihr angethan, und während der Gemahl im Gerichtssaale über Streitigkeiten zwischen Bürgern und beutegierigen Soldaten zu richten hatte und einen demüthigen Protest gegen die Plünderungssucht der Chasseurs niederschrieb, bestrickte der Officier dieser Truppe sein zärtliches Weib und zwar ohne gêne eine geraume Zeit lang; während der Gemahl bei der Hausthüre auf die Gasse trat, schlüpfte der liebentbrannte Adonis zur Hinterthüre hinein. Doch plötzlich wurde die Situation verwickelter. Der einfältige Gerichtsherr bekam Wind und überraschte bei einem zärtlichen tête à tête die Liebenden, ohne aber den Muth zu haben, dem Eheschänder seine wohlverdiente Züchtigung zu geben. Seine Feigheit kostete ihm das Leben, denn am nächsten Tage war er der Spionage verdächtig, verhaftet, und es erscheint unglaublich aber buchstäblich wahr, kriegsrechtlich verurtheilt und mit anderen Opfern der niedrigsten Leidenschaften französischer Machthaber füsilirt. Sein liebes Weibchen hatte ihn bei ihrem Adonis denuncirt und damit gemordet.

Doch ihre That blieb nicht ungerächt; als die Schwadron kurze Zeit darauf Monterey verließ und gegen Saltillo marschirte, sah sie am nächsten Baume vor der Stadt die aller Kleider entblößte Leiche dieses Weibes bei den Füßen aufgehangen. Doch darf man sich hier ja nicht dem Glauben hingeben, daß irgend ein Freund des Gerichtsherrn den Freund gerächt, sondern höchst wahrscheinlich hatte ein in seinen Hoffnungen und Rechten verkürzter Hausfreund aus Eifersucht die Treulose bestraft. Solche und ähnliche Thatsachen wiederholten sich in den fünf Jahren französischer Occupation sehr häufig.

Viele der Frauen, welche der Armee nach Frankreich folgten, sind eine Beute im wahrsten Sinne des Wortes, und der Vorwurf des Verrathes am Lande, an ihren nächsten Angehörigen, er haftet selbst an der heißblütigen brünetten Gattin des Capitulanten von Metz, deſſen Charakter dadurch in das gehörige Licht geſtellt wird, daß er mit ſeiner zarten Ehehälfte der Armee gegenüber dasſelbe Spiel trieb, als ſie gegen ihre Heimat. Wenn aber die Mädchen etwas beſſer ſind als die Frauen, ſo iſt dies der faſt klöſterlichen Ueberwachung derſelben von Seite der Eltern zuzuſchreiben.

Die Occupation durch die franzöſiſche Armee ſtellte in ſittlicher Hinſicht Mejico gleich mit dem Seinebabel, wo Ehebruch Mode wurde. (Davon mögen zwar auch diverſe andere Babel nicht loszuſprechen ſein.)

Doch ſoll es zur Richtigſtellung der Wahrheit bemerkt ſein, daß die eingeborne Bevölkerung, beſonders aber der indianiſche Theil, nicht in dieſem Maße wie die ſpaniſchen Abkömmlinge und Weißen von dieſem Vorwurfe getroffen werden.

Kehren wir nach dieſer kleinen Abſchweifung zurück in das Getreibe und Leben der Stadt. Wer das rege Leben und Treiben der unteren Schichten der Bevölkerung kennen lernen will, der verſäume es nicht, die von der Plaza mayor in der nächſten Entfernung liegenden Markthallen zu beſuchen. Dort und in den, eine an die andere ſich reihenden Fondas (den franzöſiſchen Cabarets oder beſſer den caſtilianiſchen Ventas entſprechend) der den Marktplatz umſäumenden Straßen herrſcht die tolle Luſt und das Vergnügen, andererſeits umſchleichen abgemagerte, vom tiefſten Elende gedrückte Geſtalten die übermüthig Zechenden. In ſpäter Nachtſtunde, wenn in den übrigen Stadttheilen tiefe Ruhe herrſcht, höchſtens unterbrochen von den ſchleichenden Schritten der lauernden Caballeros de la noche, tönt hier aus den Fondas und Pulcherien ausgelaſſene Heiterkeit, Gelächter und wüſte Flüche. Sobald wir die Markthallen betreten haben, ſind wir betäubt von den ſchreienden Anpreiſungen der zu beiden Seiten des Durchganges ſitzenden Verkäufer und Verkäuferinnen.

Venga usted señor — señorita venga aqui
und so in allen Nasaltonarten weiter. Eine Bude, vor
welcher eine in der phantastischen Tracht der Vacqueros
gekl ibete Gruppe sogenannter Baarfüßler (einheimische
Miliztruppen ohne Schuhe) in Gesellschaft ihrer muge-
ras und muchachos lagert, bewegt uns, stille zu
stehen. Auf der Erde kauernd oder an der Bude lehnend,
verzehren sie ihr Mahl (es ist deutlich aus ihren Gesichtern zu lesen, daß es heute ihr erstes ist, obwohl
die Sonne schon längst ihre glühenden Strahlen ins
stille Meer im Westen versenkte). Die Verkäuferin, eine
zweifelhafte Indianerin, hat vollauf die Hände zu
rühren, um die Kunden zu befriedigen. Ihre Küche bietet
wie in allen Orten des ausgedehnten Landes in erster
Linie die auf keiner Tafel, selbst jener des Kaisers,
und keinen Tag, fehlenden Fricoles (süßeingebrannte
Bohnen), die aber mit rothem Pfeffer (Paprica) so stark
gewürzt sind, daß eine echte Magyarenkehle dazu gehört,
um sie, ohne eine Miene zu verziehen, hinunterzubringen.
Dazu ißt man die das Brot stellvertretenden Tortillas
(flache Maiskuchen), die übrigens so dünn verfertigt
werden, daß selbst zarte Naturen eine ziemliche Quan-
tität vertragen können. Brod im Sinne, wie wir es
in Deutschland kennen, ist hier zu Lande unbekannt,
an die Stelle desselben tritt eine Art Luxusbäckerei.
Gegenüber der oben erwähnten Garküche bietet
eine junge Mestizin gebratene Waldgänse und Fische
feil, ihrem verlockenden Rufe: Tamales queretano widerstehen nur Wenige.
Damit aber Ambrosia nicht ohne Nektar bleibe, so
stößt unmittelbar eine Pulcheria an, welche die Kehlen
der durstigen Seelen mit dem köstlichsten Naß, welches
Mejico bietet, netzt. Pulque, der gegohrene Saft der
Agave, ist das einzige geistige Getränk (außer dem Aquar
diente, das übrigens nur in kleinen Dosen genießbar
ist), das der Mejicaner besitzt, und welches in der ärm-

ften Hütte und im prächtigsten Palaste zu finden ist;
es ersetzt dem Landesbewohner Bier und Wein, da er=
steres (gewöhnlich englisches Flaschenbier) eingeführt,
und letzterer nur im Thale von Parras gedeiht. Zur
gegenwärtigen Zeit war allerdings der Markt mit französischen Rothweinen förmlich überschwemmt. In Wahr=
heit aber ist Pulque ein äußerst frisches, kühlendes, la-
bendes und zugleich unschädliches Getränk, und der
Landmann, der Vacquero, der Reisende überhaupt wäre
zu bedauern, wenn nicht der Pulque seinen Durst löschen
könnte, da das Wasser an den meisten Orten beinahe
ungenießbar ist.

Von Matamoras bis Pafo del Macho erblickt
das Auge des Reisenden rechts und links der Straße
beinahe ununterbrochen sich aneinander reihende Agave-
pflanzen, die Spenderinnen des Pulquesaftes. Kleinen
Telegraphenstangen ähnlich ragen aus dem aloëartigen
Unterholze die Blüthen und Fruchtkolben heraus, deren
Spitzen die Samenknollen enthalten. Vor Sonnenauf=
gang bohrt der Besitzer dieser Pflanzungen alle ertrag=
fähigen Pflanzen nahe dem Erdboden an und sammelt
den herausquellenden Saft in schweinsledernen Schläu=
chen. Dieser frischgesammelte Saft wird in hölzernen
Gefäßen, welche an der kühlsten Stelle des Hauses in
den Boden eingegraben werden, der Gährung überlassen
und nach beendigtem Processe in kleine Fäßchen gefüllt
und in den Pulcherien eingestellt, während für den
Locobedarf im Dorfe oder auf der Straße der gegoh=
rene Pulque in Schläuchen herumgetragen wird. Wenn
gut ausgegohren, ist der Pulque von schwach milch=
weißer Farbe und sehr angenehm zu trinken.

In den Hallen darf man nicht erwarten, geschmack=
voll ausgestattete Pulcherien zu finden, doch findet der
Fremde solche in den schönsten Straßen, wie in der
Calle primera monterilla oder Calle de Plateros,
welche an comfortabler und luxuriöser Ausstattung

wenig zu wünschen übrig lassen und mit den Restau=
rationslocalitäten der europäischen Städte erfolgreich
concurriren würden.

In diesen versammelt sich nun auch gewöhnlich
das Geldprotzenthum Mejicos zum allabendlichen Monte=
spiel. Dasselbe wiederholt sich in den unsichersten Pulche=
spelunken, nur mit dem Unterschiede, daß in den letz=
teren die Verlierenden nicht selten mit dem Cuchillo
die entwickelten Differenzen ausgleichen und einige der
von Fortuna (besser gesagt durch ihre List) beglückten
Spieler ein Salta mortale ins Jenseits machen oder
mindestens nahe daran sind. Sonst herrscht unter den
Stammgästen dieser Pulcherien und auch in den Fondas
die patriarchalische Sitte, daß an jedem Tische nur
Einer die Zeche bezahlt, und zwar für alle übrigen Con=
viven, und so, daß jeden anderen Tag ein Anderer die
zuweilen sehr große Zeche zu bezahlen hat. Daß pfif=
fige Köpfe von dieser Usance einen sehr profitablen
Gebrauch machen, kommt nicht gar selten vor. Oft
dämmert es schon im Osten, die Bergriesen Popocate=
petl und Iztuacahatl treten mit ihren weißen Häuptern
aus dem Dunkel der Nacht hervor, und noch ist die
Ruhe nicht allgemein.

Eilt man in später Nachtstunde nach Hause, so
geschieht es nicht selten, daß man über einzelne auf
dem Trottoir und besonders unter den Arkaden schla=
fende Leperos stolpert. Viele von ihnen wissen nicht,
wie ihre Brüder auf dem vulcanischen Boden Neapels,
ihr Haupt wo andershin zur Ruhe zu legen. Die milde
Nachtluft lockt im Gegentheile viele der selbst Wohl=
habenden auf die Terrasse ihres Hauses, denn das Klima
des Thales von Mejico ist von ausgezeichneter Milde;
trotz der großen Erhebung der Stadt über den Spiegel
des Meeres (2300 Meter) erfreut sich Mejico eines
wärmeren Klimas als die gesegneten Fluren des Aetna
oder die malerische Küste von Granada. Doch unweit

der Stadt mahnt uns das Klima an das unserer trauten
Alpenthäler (wenn auch mit Ausnahme des Winters).

Am Vorabende meiner Abreise von Mejico konnte
ich es nicht unterlassen, auch einmal nach dem 3 Leguas
entfernten Wallfahrtsorte Villa de Guadelupe-Hidalgo
zu gehen, da mir der Besuch von Jedermann empfohlen
wurde. Ist schon das Innere der Kathedrale der Hauptstadt geeignet, das Auge des Fremden, des Anblickes
solch angehäufter Schätze ungewohnt, zu blenden, so ist
dies hier noch weit mehr der Fall, wenn auch im Gegentheile diese Ueberbürdung und Anhäufung von Edelmetallen jede Schönheit zerstört. Bei dem Anblicke dieser
von dem Clerus angehäuften Schätze kann sich der Europäer nicht des Gedankens an das damit in fürchter-
lichster Weise contrastirende Elend der unteren Volks-
schichten, die Verkommenheit des Volkes im Allgemeinen
erwehren. Während in Tejas der Auswurf der Mensch-
heit die Wege und Straßen unsicher macht, befassen
sich hier die reichen und angesehensten Classen der
Gesellschaft (die übrigens nicht viel besser als die einzelnen Individuen sind) unter dem Deckmantel eines
politischen Pronunciamentos mit Raub und Plünderung
und sinken zu ordinären Wegelagerern herab.

Und wieder bestieg ich nach vierzehn Tagen das
Vehikel, die Diligence, um gegen Osten zum sehnsuchtsvoll erwarteten Meere zu reisen. Mein Körper hatte
sich so ziemlich von den Contusionen der letzten Fahrt
erholt und ich konnte nun getrost dem Zukünftigen ent-
gegensehen, war das Band zwischen Körper und Seele
durch die vierzehntägige Ruhe wieder nach Kräften hergestellt.

Dichter Nebel lagerte über dem Thale, als wir
die Guerita von Puebla passirten und auf der unab-
sehbaren geradlinigen Straße nach Tamaulipas, die
mich lebhaft an die Straße von Rovigo nach Padua
erinnerte, dahinrollten. Als wir die große, von roth-

brauner Torferbe erfüllte Ebene zwischen Ajotla unb
San Tamaulipas erreicht hatten, hielten wir kurze
Rast, die Sonne zerriß ben Nebelvorhang unb azurblau
spannte sich ber Himmel über bas weite Thal von Mejico. Ich bestieg ben Thurm ber Kirche unb war oben
angelangt entzückt vom Anblicke ber Stabt, bie unter mir
im Thale ausgebreitet balag. Der Walb von Thürmen
unb Kuppeln schien zu wogen unb gestaltete bas Bilb
zu einem höchst unruhigen; zwischen ben Steinmassen
wucherte überall bunkles Grün hervor, im Westen glänzten die Fenster bes Schlosses Tacobayo in ber Sonne
unb warfen ihren golbenen Reflex auf ben Garten.
Ich hatte Mejico von mehreren Seiten überschaut, aber
von keiner Seite war ber Anblick so lohnenb, als von
hier, obwohl Niemanb barauf aufmerksam gemacht wurde.
Der Anblick ber grünenben Oase ist um so lohnenber
unb für bas Auge wohlthuenber, als bie nächste Umgebung von Tamaulipas ungemein trostlos ist; ber rothe
Lavasand erfüllt, von ben Maulthieren aufgewirbelt,
die Lüfte unb hüllt Alles ein, während er ben Menschen
beinahe erstickt, bie baum- unb überhaupt vegetations-
lose Ebene glitzert in ber Sonne, ba ihre Fläche mit
Salzkrystallen überzogen ist, ein bunkler Streifen Wassers, bes immer seichter werbenben Tescucosee's,
umborbet im Norben unb Westen bas Bilb. Auf
bem See in weite Ferne gerückt, erregen bie schwim-
menben Gärten (Chinampas), welche ben Mejicanern
ben größten Theil ihres Bebarfes an Gemüse liefern,
bie Aufmerksamkeit. Doch bie Zeit mahnt zum Aufbruche, ber Kutscher ruft ben Thieren sein „Anbales"
zu unb weiter gegen Osten geht es, in einer unburch-
bringlichen Staubwolke eingehüllt.

Wir erreichen Buena Vista, bis wohin, von Ajotla
angefangen, bie Straße stetig steigt, um ben Sattel
von Rio Frio zu überwinben. Von hier eröffnet sich
noch einmal eines ber schönsten Panoramas, bas ganze

Thal von Mejico mit seinen zahlreichen kleinen und größeren Seen liegt vor dem Auge des Beschauers. Die scheidende Sonne im Westen wirft ihre Strahlen in einem sehr spitzen Winkel, die Hügelkette des Nochiftongo wirft ihren gigantischen Schatten nach Osten, die an ihrem östlichen Fuße liegende Landschaft völlig verdunkelnd. Ich erinnere mich, selten so ein umfassendes Panorama gesehen zu haben.

Um in uns die Erinnerung wach zu halten, daß wir noch so recht im Bereiche souveräner Raubgelüste wären, erscholl plötzlich der Ruf: Alerte & los armos! Die Passagiere und der vor Furcht bebende Diligence-kutscher, sein Gefährte im Stiche lassend, eilten in den nächsten Corral und beeilten sich, das sehr wenig widerstandsfähige Thor zu verrammeln. O los chinacos! jammerten die zwei uns zur Escorte beigegebenen Milizlanciers, welche in Todesangst um ihr Leben schwebten und schon im nächsten Momente zu baumeln glaubten. Fürwahr es mußte diese Angst für die Passagiere kein ermunterndes Zeichen sein. Glücklicherweise war die Angst unbegründet, der Lärm blind; zwar sprengte im Galop eine Reiterschaar durch den Ort, doch es waren kaiserliche mejicanische Lanciers, die in der Ferne des undurchdringlichen Staubes wegen unkenntlich waren, während ihre Waffen in der Sonne blitzten. Nachdem sich Alles von dem eben überstandenen Schrecken erholt hatte, wurde die Fahrt fortgesetzt; die zwei Lancieros der Escorte ritten mit einer wahren Jammermiene neben der Diligence. Zum Dienste in der Armee gepreßt, von ihrer früheren Beschäftigung hinweggerissen, war ihr jetziger Beruf nur Qual für sie, umsomehr als das grausame Vorgehen der Feinde sie in steter Furcht und ängstlicher Pein erhielt. Die Zahl der vorgespannten Maulthiere war verdoppelt, denn es galt den Paß von Rio Frio *) zu

---

*) Sattel am Nordfuße des Ixtuacahatl, 3100 Meter über dem Meere, in der Tierra fria liegend.

überschreiten. Die Temperatur nahm in empfindlicher Weise stetig ab, im selben Maße, als wir immer höher hinauf kamen, schwanden Cactus und Aloë, Maguey und Agave; dunkelgrüne Fichten und Föhren, langästige Weymouthkiefern nehmen deren Stelle ein, ein vollständiger dichter Nadelholzwald in seiner jeden Europäer anheimelnden Pracht umgibt uns. Die Landschaft wird immer mehr und mehr düster, der schmale, in den Abhängen der dichtbewaldeten Berge eingeschnittene Fahrweg führt beinahe in einer geraden Linie aufwärts, ohne die Steigung mildernde Serpentinen; stellenweise ist der Weg ein sogenannter Prügelweg, indem auf längeren Strecken der Boden Morast ist. Unser Gefährte balancirt in erschrecklicher Weise, die Thiere bedürfen der unausgesetzten Aufmunterung, während die Passagiere so derb gerüttelt werden, daß oft die auf der Vorderseite der Sitze Befindlichen auf die in der Tiefe Sitzenden mit der Wucht ihres ganzen Gewichtes fallen und vice versa, unartikulirte Schmerzenstöne und überlautes Heulen wechseln sich ab. Endlich nach drei langen, uns eine Ewigkeit dünkenden Stunden erreichen wir in vorgerückter Abendstunde Rio Frio, die Haltstation der Diligence, ein kleines Dorf beinahe am höchsten Punkte des Passes gelegen. Unsere Glieder sind völlig steif vor Kälte, die hier wirklich sehr empfindlich ist. Und wie zu erwarten, in dem Zimmer der Meson (übrigens eine hinfällige Bretterbude) auch nicht ein einziger Brasero, an dem man die erfrorenen Glieder aufthauen lassen könnte. Das Wasser in meiner Bivouacflasche war gefroren. Eine selbst zubereitete Bowle half mir über die Kälte und Langweile dieser Nacht hinweg. Als die Sonne der Erde ihren ersten erwärmenden Kuß gespendet und sichs im Dorfe zu regen begann, verließ ich das Gefängniß und besah mir das Dorf.

Würde nicht der Mangel an Schnee einerseits, die im Osten noch in dunkles Grau gehüllten Fluren der

Ebene von Puebla mich an Mejico gemahnt haben, so
hätte ich mich im oberen Engadin wähnen müssen, wenn
auch bei einer Zeitdifferenz von 3 bis 4 Monaten.
Dichter, starker Frost bedeckte den Boden und den Wald,
dessen Bäume wie mit Mehl bestaubt erschienen, nahe
dem Hause rauschte ein riesiger Bach den östlichen Abhang hinab, der von den ewigen Schneeregionen des
Ixtuacahatl gespeist wird, eine Reihe von Sägemühlen,
einige morsche Bretterhütten, eine kleine Kapelle (die
nie fehlt), sie bildeten das Dorf Rio Frio (jedenfalls
einen der am höchstgelegensten bewohnten Orte).

Den östlichen Abhang ging es nun schnell hinab,
die Tierra fria lag bald hinter uns und wir erreichten in wenigen Stunden die Tierra templada (die ge-
mäßigte Region). Womöglich war der Weg jetzt noch
schlechter als früher, unsere Leiden gesteigert, die Len-
den beinahe schon wund von dem unausgesetzten Humpeln und Rütteln, einige der Passagiere hatten Beulen
an den Köpfen davon getragen, und noch war sobald
kein Ende abzusehen.

Bald aber vergaßen Alle diese unabänderlichen
Uebel, denn ein imposantes großartiges Bild fesselte
Aller Augen; wir hatten eben die tiefe gähnende Schlucht
des dahinschäumenden Rio Frio überschritten, und die
jenseitige Rampe erklommen, als zu unserer Rechten
die beiden von ewigem Schnee bedeckten Riesen der
Cordilleren sich in nächster Nähe aufthürmten. Der
nähere, dessen Form nun deutlich erkennbar war, der
Ixtuacahatl oder la dame blanche genannt, erglänzte
in hellem Sonnenlichte, von keiner Wolke heute umgeben, präsentirte er sich uns in seiner ganzen Majestät. Von dieser Seite angesehen, gleicht die Masse
einem auf einem Ruhebette liegenden menschlichen Körper (daher auch der französische Name), Kopf (Nase),
die über der Brust gefalteten Hände und die Füße sind
deutlich ausgeprägt, während die ziemlich tief herabrei-

8

chende Schneedecke einem riesigen Bahr- oder Leichen-
tuche gleicht, einem Schleier, der die ruhende Todte
bedeckt. Von den Indianern ist der Berg heilig gehalten, nur mit ehrfurchtsvoller Scheu wagen sie sich
ihm zu nähern, indem sie annehmen, daß sich ihr Gott
in das Innere zurückgezogen habe und nur zu gewissen
Zeiten seine Stimme erschallen lasse (worunter die,
wenn auch schon seit geraumer Zeit nicht mehr statt-
gehabten Eruptionen verstanden sind). Der zweite zucker-
hutförmige Riese trat uns auch bald vor Augen. Seinem Haupte schienen kleine graue Dunstsäulen zu entsteigen, die mit der Schneedecke schmollten und mit
Erfolg, da einzelne dunkle Stellen, ähnlich Tintenflecken
in einem weißen Linnentuche, sichtbar waren. Es ist gewiß ein sehr eigenthümlicher Anblick, unter der Glut-
sonne der Tropen, mit ewigem Schnee bedeckte Berge
zu finden, die unseren europäischen Bergkönig, den Mont-
Blanc, um 3—600 Meter überragen. Unter der ziemlich weit herabreichenden Schneegrenze beginnen bald
dunkle Nadel- später Laubwälder und noch in be-
deutender Höhe Cacteen und Agaven sichtbar zu werden.
Sobald wir in der Ebene von San Martino angelangt
waren, ging die Fahrt schnell von statten, in immer
größerem Bogen entfernten sich die, die Ebene umsäu-
menden Gebirge, die Straße war immer mehr versan-
det, die Ebenen von Ajotla und Mejico schienen hieher gezaubert zu sein. Alle halben Leguas, bald rechts,
bald links der Straße erblickte man kleine Ortschaften,
von deren Kirchthürmen beinahe ununterbrochen der
Klang der Glocken entgegenscholl. In San Martino,
einem größeren Orte an der Straße nach Puebla, wurde
unsere Weiterfahrt durch eine daselbst eben abgehaltene
feierliche Procession unterbrochen. Ohne sich lange zu
besinnen, stiegen der Cochero sowie die beiden uns zur
Escorte beigegebenen Lanciers von ihren Pferden ab,
und beeilten sich, neben dem Gefährte in die Knie zu

finken und den Priefter um feine Benediction zu bitten. Bis zu welchem Grade der Bigottismus hier zu Lande ausgebilbet und entwickelt ist, lehrte mich die folgende Scene erfennen. Aus unferer beschaulichen Ruhe und Stille wurden wir wie von einem Blitze aus heiterem Himmel auf das Unfanftefte emporgerüttelt. Eine nicht enden wollende Detonation, von Flintenschüffen herrührend, begleitet von einem dumpfen Pferbegetrappe, aus wel= chem ein vielftimmiges Viva la liberdad! Muerto a los Franceso zu uns vom Eingange des Marktes her er= tönte, veränderte die Scene, Alles schaarte sich um den Priester, der feinerfeits, feines großen Einfluffes und imponirenden Stellung als Diener des Katholicismus bewußt, gravitätisch das Haupt hob und der anftür= menden, etwa hundert Mann zählenden Chinacosbande entgegenschritt. Vor dem die Monftranze hoch empor= haltenden Priester zogen sich die wilden Gesellen mit den Worten „Pardon Señor“ zurück, ihre Laffos in= grimmig schwingend über die unerwartete, höchst unlieb= fame Störung ihres Beutezuges; denn Plünberung war ihre Abficht, da Tags zuvor ein großer Lebensmittel= transport für die faiferliche Armee angelangt war, der feiner Weiterbeförderung harrte. Die Bigotterie rettete biesmal den Convoi.

Hat man Gelegenheit, den großen Anbrang des Publicums zu den Kirchen und Klöftern, die devote Ehrfurcht vor den Prieftern und allen heiligen Gegen= ftänden, das beftändige Immunreführen von mit der Verehrung der Heiligen im innigften Zufammenhange ftehenden Ausrufen zu beobachten, fo muß der Contraft diefes bigotten Gebahrens zu den verwahrloften Zuftän= ben im Lande, wo die Begriffe über Eigenthum, Recht und Sitte fehr getrübt und verwirrt find, um fo greller erscheinen. Die Aehnlichkeit der Wegelagerer in Mejico mit den Banditen Italiens ist erstaunlich groß; biefe wie jene beten an den Stufen des Altars der Santa

8*

Birgina um das Gelingen eines geplanten Raubes. Nach diesem unsanften Intermezzo nahm die Procession ihren ungestörten Verlauf, ganz wie in der Metropole des Landes ertönten von allen Terrassen Böllerschüsse, die zur Verherrlichung des Festes abgefeuert wurden.

Nach mehr als einstündiger Unterbrechung konnten wir unsere Weiterreise aufnehmen und durften uns zu dieser zufälligen Unterbrechung nur Glück wünschen, da uns dadurch nur eine höchst unangenehme Begegnung mit den harmlos scheinenden Bajadieros, welche sich nachträglich stets als Raubritter entpuppen, erspart blieb.

Unseren Rosselenker mußte das Intermezzo in San Martino zu wohlthuender Eile angespornt haben, denn er hieb unbarmherzig auf seine störrigen Mulas los. Gespenstige Schatten umhüllten den hinter uns liegenden Popecatepetl, die Nacht senkte sich aufs Land, aber auch wir waren geborgen, Pueblas gastliche Mauern nahmen uns auf. Ein helles „Qui vive“ schlug an unser Ohr, wir passirten eben die Guerita de Mejico. An Größe und Einwohnerzahl die zweite Stadt des Aztekenreiches, steht sie an Schönheit, Regelmäßigkeit, Reichthum und Pracht der Metropole nicht nach, ja — freilich ist dies individuelle Anschauungsweise — ich wage es zu behaupten, daß Puebla de los Angeles der Residenz den Vorrang abläuft. Der Gesammteindruck der Stadt und ihre prachtvolle Staffage am Hintergrunde (die zwei Schneehäupter Popecatepetl und Itztuacahatl) ist wohlthuender und angenehmer als jener von Mejico.

Unser erster Besuch galt der schönen Plaza de los Armas, deren Pflaster über der Straße erhaben, und welche mit einer schönen großen Fontaine geziert ist; hier concentrirt sich wie in Mejico auf der Plaza mayor das gesammte rege Leben der Stadt, ähnlich wie in Mejico umsäumen auf drei Seiten schöne Portales den geräumigen (aber viel kleiner als die Plaza mayor zu Mejico) Platz, während die vierte Seite von der imposanten großen Kathedrale eingenommen wird. Aeußerlich völlig schmucklos und unansehnlich, nur durch Größe des Umfanges, durch die Höhe der beiden Thürme und der Kuppel imponirend, ist man bei Betreten des Innern auf die Stelle gebannt. Die Kathedrale von Mejico und selbst jene von Guadelupe-Hidalgo, sie treten wie ärmliche Dorfkirchen zurück; geblendet von der Masse edlen Metalles, sucht das Auge vergebens einen Ruhepunkt, von welchem ausgehend es mit Muße das Ensemble mustern könnte, Chor und Hauptaltar fesseln schließlich das Auge und verschaffen uns einen wahren Kunstgenuß. Die Rotunde, innerhalb welcher der Hauptaltar aufgerichtet ist, steht unübertroffen da, das daselbst herrschende Dunkel verleitet uns zum Glauben, daß die Mauern aus gediegenem Golde hergestellt wären, und bei näherer Prüfung finden wir den ganzen hellen Kreis der Rotunde mit den in goldenen Rahmen gefaßten lebensgroßen Bildern diverser Heiligen ausgetäfelt, kein Stückchen bloße Wand ist hier sichtbar. Vor dem Hauptaltar stehen zwei massive riesige Altarleuchter von einer Größe, daß ein ausgewachsener Mann im Innern des Schaftes bequem Platz nehmen könnte. Das Chor mit der Orgel, ein Meisterstück mejicanischer Holzschnitzerei, ist in seiner Art nicht minder werthvoll, die aus schönstem Mahagonyholz hergestellten Holzverkleidungen sind über und über mit in Cocosnußholz eingeschnittenen Ornamenten bedeckt, welche große Tableaux's, Episoden aus der Geschichte des Christenthums in Mejico darstellend, umrahmen. Die Thürflügel des Hauptthores sind ebenfalls mit solchen Schnitzereien und mit Goldgeflechten förmlich überladen.

Die Kathedrale von Puebla gilt auch als die reichste Kirche des weitläufigen Landes; daß dieser Ruf nicht auf Uebertreibung beruhe, davon hatten wir uns über-

zeugt, und Erstaunen erfaßt den Fremdling, in dessen
Heimat die Kirchen schmucklos sind, über den an diesem
Orte aufgehäuften Reichthum, den die Priesterkaste den
Einwohnern des Landes (die Geschichte weist darüber
manches dunkle Blatt auf) entriß, um zu dieser Macht
in jedem Sinne des Wortes zu gelangen, die sie noch
heute im Lande besitzt.

Wir eilen nun durch die Straßen, welche in ihrer
Regelmäßigkeit und Gleichartigkeit Mejico, die Metropole des Landes, übertreffen. Eine wogende und in
lebhaftem Verkehr begriffene Menge durchströmt die
zur Plaza führenden Straßen. Einen eigenthümlichen
Anblick gewähren die theils einfach und in höchst komischer und mannigfaltiger Folge aneinander gereihten,
theils mit allerlei bunten Bildern bemalten Häuser,
welche überdies hie und da in einigen Straßen mit
Karhatiden und Statuetten in großer Anzahl versehen
sind. Von den Terrassen der Häuser hängen bunte Tep-
piche herunter, aus den Fenstern Fahnen und Guir-
landen. Wir bogen um eine Ecke und ein hoher mit
Blumen bedeckter Triumphbogen starrte uns entgegen;
alles dies waren Ueberreste der Empfangsfeierlichkeiten
bei dem letzten Aufenthalte des Kaisers, dem das Volk
zugejubelt hatte, um ihn 6 Monate später dem Tode
zu opfern.

Die Bevölkerung straft den Beisatz de los An-
gelos Lügen, denn daß diese nicht aus Engelsgeschö-
pfen zusammen gesetzt sei, davon konnten wir uns
überzeugen, da wir am Abend desselben Tages
in der Calle de San Bartolomeo Zeugen eines
auf offener Straße unter Tausenden von Passanten verübten Mordes waren und bei welcher Gelegenheit die Vorübergehenden zu unserer größten Bestürzung
gar keine Anstalten zur Verfolgung des Mörders trafen,
sondern im Gegentheil nur mit gleichgiltigem Achsel-
zucken und dem obligaten „Carracho“ das Opfer als

in aller Ordnung und von rechtswegen abgemacht erklärten.

Unter der wogenden Menge fielen mir zahlreiche,
sehr defect gekleidete und abgehungert aussehende Gestalten auf, deren Gesichtszüge von denen der eingebo-
renen Bewohner sehr abstachen, — es waren die Ueberreste eines aufgelösten Truppenkörpers österreichischer
Freiwilliger, welche mit Sehnsucht die Heimkehr erwarteten. In letzter Zeit ohne Sold und geregelte Ver-
pflegung, glichen sie einer Trapperbande aus Louisiana,
und einzelne von ihnen lungerten auf dem Pflaster vor
den diversen Pulquespelunken herum; es nahm mich
sehr oft Wunder, daß nicht viele dieser Herum-
irrenden der herrschenden Nachsucht zum Opfer fielen,
wenngleich es an solchen nicht mangelte, wovon uns
in der Folge der Weg von Orizaba nach Paso del Macho
belehrte.

Als wir des Abends bei dem trüben Schein der
Laterne durch die Straßen nach Hause eilten, erregten
einzelne große, hellerleuchtete Locale unsere Aufmerksamkeit, aus denen fröhliches Lachen und Treiben auf die
Straße drang; es waren große Pulquerien, welche in
ihrer Ausstattung und Einrichtung mit den ersten Re-
staurants der alten Welt wetteifern durften, und welche
selbst von Leuten aus der Ferne besucht werden, da in
der Umgegend ein vorzüglicher Pulque geerntet wird.

Unseres Bleibens in Puebla war nicht lange, der
Mayor domo der Diligenceunternehmung kündigte uns
die Weiterreise an und wir verließen mit dem Grauen
des kommenden Tages die Stadt der Klöster und Kirchen, deren Zahl aber durch die Franzosen um ein be-
deutendes verringert wurde, während die noch bestehen-
den die frischen Spuren der durch die Belagerung im
Jahre 1864 angerichteten gräulichen Verwüstungen an
sich trugen, und bei deren Vertheidigung die Mönche
Wunder der Tapferkeit verrichteten, aber auch förm-

lich becimirt wurden. Ein Reisegefährte aus der Stadt
gab uns hierüber interessante Aufschlüsse, und konnte
es nicht über sich bringen, von Zeit zu Zeit ein „Cambrone francese" auszustoßen. Seine Schilderung von
der Plünderung der Stadt durch die einbringende französische Armee stellte dieselbe mit den Hunnen auf eine
gleiche Stufe. Für Forey und in noch höherem Maße
für Bazaine kannte er kein genügendes und entsprechen-
des Wort der Verachtung und Anklage. Kirchen- und
Leichenraub und Schändung, gewaltsame Erpressung
und Hinmordung reicher Einwohner lieferten den
Franzosen die Mittel zur Bereicherung.

Der Anblick der Stadt von Osten aus war ein
wahrhaft entzückender, mehr als Mejico, glich die Stadt
einem wogenden See, aus dem die Masten der Schiffe
hervorragten. In kurzer Zeit passirten wir Amozoc, das
eigentlich nur einen Außenmarkt von Puebla bildet, und
humpelten, bis zu den Achsen der Räder im Sande,
fort gegen Osten.

Rechts und links der Straßen säumen Cactus und
Aloëhecken, deren Grün durch eine zollhohe Staublage
in ein monotones Grau verwandelt ist, dieselbe ein;
in größerer Entfernung von der Straße, welche übrigens
sehr frequentirt ist, da sie die Hauptverkehrsader von
der atlantischen Küste nach der Hauptstadt bildet, strei-
chen hohe und mit spärlicher Vegetation bedeckte Berg-
ketten. Die Orte sind auf der ganzen Straße bis Orizaba, der nächsten Stadt, sehr spärlich gesäet. Von Puebla
bis Canada, einem kleinen Orte in der Tierra templada,
eine Strecke von 36 Leguas, rollt der Karren stets im
Sande dahin, der Blick des Reisenden erblickt stets nur
Cactus- und Aloëhecken und Gebüsche, zwischen welchen
der grauweiße Sand wie ein Leichentuch hervorschimmert.

Unterwegs überholten wir mehrere Truppencolonnen
der französischen Armee, welche alle nach Veracruz mar-
schirten, um nach Hause sich einzuschiffen, da Bruder

Jonathan den Mann an der Seine in unzweideutiger Weise aufgefordert hatte, sich zurückzuziehen, was er auch thun mußte, wenngleich die Gloire der grande nation dabei ein starkes Leck erhielt. Ein neues, schönes Panorama, das uns an den Anblick der zwei Schneefürsten westlich von Puebla erinnerte, entzückte unser Auge, als wir San Augustin de Palmar, einen kleinen Ort, hinter uns hatten.

Einer riesigen massiven Pyramide gleich, stieg vor uns aus der Ebene der mit ewigem Schnee gekrönte Citlaltepetl oder Pic von Orizaba empor, seine Contouren scharf im blauen Aether abzeichnend, während die vor uns liegende, noch zu durchmessende Ebene in einer scharfen krummen Linie den Horizont begrenzte, so daß es den Anschein hatte, als wäre der Pic wie aus der Unterwelt emporgestiegen, und jenseits dieser scharfen Kante würde der unendliche Raum dem Beobachter entgegenstarren. Immer näher trat der Riese an uns heran, immer deutlicher wurde seine Form; als wir das einer Oase in der Wüste gleichende Canada erreicht hatten, konnten wir erst recht seine imposante Gestalt und Ausdehnung erkennen. Wir waren nun am Rande des großen über 1800 Meter hohen Plateaus von Anahuac angelangt, das nun eine kurze Strecke nach diesem Orte in zwei großen Abstufungen mehr als 1200 Meter steil abstürzt. Die in das Thal von Orizaba über die Cumbres (so heißt dieser Paß und das Gebirge) hinabführende Kunststraße erregte unser gerechtes Erstaunen; in ihrer Anlage und Herstellung darf sie sich mit den Alpenstraßen der Schweiz und Tirols messen, ihr jetziger Zustand aber war schaudererregend und dem waghalsigsten, phlegmatischen Sohne Albions mochten bei der Hinunterfahrt in die Barranca von Rancho Colorado grausige Bedenken aufgestiegen sein.

Einer Riesenschlange gleich windet sich in zahlreichen kurzen Serpentinen die Straße vom Sattel des

Passes in die schluchtähnliche Barranca (Querthal) des Rancho, feuchte Nebel entsteigen derselben, während das Tosen des Gebirgsbaches den Schrei des Geiers und das Geheul des Wolfes übertönt; kahl und schroff steigt die Wand empor, während der diesseitige Abhang mit schmucken Tannen und Fichten bedeckt ist. Glücklich sind wir im Thale angelangt, doch nun geht es wieder ein ziemlich Stück aufwärts, um dann wieder auf einem halsbrecherischen, vielfach geschlungenen, steil abschüssigen Wege in das Thal von Orizaba hinabzusteigen. Oben auf der Höhe dieses zweiten Abschnittes des großartigen Cumbrepasses ist die Aussicht eine besonders lohnende. Der Blick schweift aufwärts durch das vielfach gewundene Thal, zur Linken blickt der silbergelockte Bergriese ernst und feierlich ins Thal, seinen eiskalten Hauch dahinsendend, der einer Cascade ähnlich herabstürzt über die steile Felsenwand und eine empfindliche Kälte hervorbringt, so daß, da auch die Sonne nur kurze Zeit des Tages dem Boden ihre erwärmende Zuneigung schenkt, nur nothdürftig der grünende Keim aus seinen starren Fesseln gelockt wird; kleinen Maulwurfshügeln glichen die Häuser des unmittelbar unter uns liegenden Ortes Acultzingo. Munter geht es nun im ebenen Thale weiter, bis wir nach mehreren Stunden in den sich plötzlich ausdehnenden Thalkessel von Orizaba gelangen, und damit die Region der Tierra caliente erreicht haben.

Welch große Veränderung, welcher Unterschied im landschaftlichen Charakter, der, je näher wir nach Orizaba kamen, immer größer wird. Verschwunden sind Cactus und Aloë am Rande der Straße, riesige Bananenpflanzen und mit Früchten beladene Orangen- und Citronenbäume erfreuen das Auge mit ihrem hellen, saftigen Grün, der Kaffeestrauch und das Zuckerrohr treten aus dem üppigen Gebüsche neben dem in aller Pracht entfalteten Mais hervor, über alle diese breiten die

Fächerpalme und die Mangolie ihre schattenspendenden Blätter. Wir sind eben um 1500 Meter dem Meeresspiegel näher und es sproßt und keimt unter diesem Himmelsstriche aus jeder Spalte und Fuge des dunkelbraunen, unerschöpflich fetten Humusbodens.

Drohte uns bisher der Straße wegen stets eine Trennung der Seele vom Leibe, ob des erbärmlichen Humpelns, so versanken wir nunmehr stellenweise in den weichen, zähschlammigen Boden, so daß selbst eine Completirung der vorgespannten Maulthiere nicht half, und der Lenker des unförmigen Vehikels seine ganze vielsagende Beredsamkeit aufbieten mußte, um die vor Schweiß triefenden Thiere vorwärts zu bringen.

Einige schwarze Kanonenschlünde dräuten uns bei der Guerita entgegen, ein naseweiser flaumbärtiger Souslieutenant inspicirte mit anscheinend gewichtiger Kennermine die Physiognomien der Insassen. Diese Inspicirung mußte zu seiner Zufriedenheit ausgefallen sein, denn ein näselndes „En avant" gab uns freie Bahn.

Einem einzigen Garten gleich breitet sich die Stadt Orizaba im Thalkessel aus, in den hinein der riesige, verkappte, gegenwärtig stumme Geselle Vulkan's, der Pic des Citlaltepec, schaut, die Bewohner stets mahnend, daß aller Tage Ende noch nicht gekommen sei, um sich sorgloser Ruhe hinzugeben, wofür die bis zum Fuße des Riesen herabreichenden Lavaschuttfelder ebenfalls sprechen. Der Eindruck des Gesammtbildes ist großartig; hier im Thale um uns eine tropische, in aller Fülle und Pracht prangende Vegetation, unmittelbar ober uns eine Region ewigen Schnees, welche nach allen Seiten ihr eisiges Wasser ins Thal entsendet. Während der Nacht, wenn der stille bleiche Leidensgefährte unglücklich Liebender sein silbernes Licht über das Land streut, gleicht der Pic einem Berggeiste, dessen gigantischer Schatten das ganze Thal in undurchdringliches Dunkel hüllt.

Nicht nur seiner Lage in einem schönen Garten wegen, sondern auch an und für sich ist Orizaba ein hübscher, freundlicher Ort. Da die Straße nach Paso del Macho, nach dem Berichte des Majordomo, mit rückmarschirenden Truppen und den dazu gehörigen Fuhrwerken verlegt war, so waren wir in der That zum geduldigen Abwarten verurtheilt.

Ich hatte es nicht zu bereuen, denn dieser Aufenthalt, der glücklicherweise nicht gar zu lange währte, verschaffte mir einen sehr eigenthümlichen Anblick, machte mich zum Augenzeugen einer höchst komischen Scene, deren Schilderung ich hier einzuflechten nicht unterlassen kann.

In allen Straßen und auf allen Plätzen lungerte die französische Soldateska herum, theils die vorübergehenden Frauen und Mädchen auf die zudringlichste Art molestirend und mit rohen Scherzen beleidigend, theils vor den Pulqueboutiquen in mehr oder minder unzurechnungsfähigem Zustande sich untereinander und mit harmlosen Passanten balgend; überhaupt wurden die Sitten des Landes durch diese Söhne der grande nation, die an der Spitze der Civilisation schreiten will, nicht sehr verfeinert.

Ein dichter Knäuel verrammelte die Straße nach Puebla, in steter Erwartung der kommenden Dinge.

Bazaine, der Held von Metz, war des Vormittags mit seinem Stabe in Orizaba angekommen und hatte in der Calle de Puebla sein Absteigequartier genommen.

Das unruhige Warten der Menge galt dem stündlich zu erwartenden Einmarsche des 3. Zuavenregimentes, das sich in der ganzen Campagne bestens ausgezeichnet hatte, und welches nun mit fliegender Standarte durch den Ort vor Bazaine defiliren sollte. Ohrenzerreißende Musik verkündete den Anmarsch dieser größtentheils aus dem Abschaum, den Flaneurs und Gamins von Paris sich recrutirenden Regimenter. In legerster Haltung,

die einem deutschen Soldaten die Haare zu Berge ge-
trieben hätte, rückten diese enfants perdues, auf dem
Tornister ein ganzes Waaren- und Geflügelmagazin
tragend, johlend und singend immer näher. Voran der
Tambour major mit seinem martialischen Barte und
die mit detto Barte versehenen Sappeurs, welchen sich
die Spielleute anschlossen.

Bazaine trat nun mit seinen Adjutanten auf den
Balcon, um die Truppen vorbeidefiliren zu lassen.

Doch siehe da, welch häßliche Ungethüme kommen
da angeflogen von der Kuppel der gegenüberliegenden Kirche
und placiren sich je paarweise zur Rechten und Linken
des despotischen Marschalls? Welche Bedeutung mag
dieser Zwischenfall haben, daß alle Mühe, diese häßlichen Thiere zu verscheuchen, vergebens ist? Wie aus
Stein gemeißelt, sitzen sie gleich Schildwachen auf
ihrem Platze. Es sind Pilotes oder Aasgeier, Thiere,
welche hier zu Lande beinahe heilig gehalten werden,
und deren Verletzung oder Tödtung streng geahndet
wird, indem sie auch von unberechenbarem Nutzen
sind und bei dem herrschenden gänzlichen Mangel
an Gerichtsorganen, welche für die Salubrität und
Sanität der Städte sorgen, deren Stelle vertreten
und alles Aas, das die Hauptverkehrsadern des Landes in dieser Region der Tierras calientes zu Hunderten bedeckt, mit geschäftiger Eile wegschaffen. So
groß die Dienste auch sind, welche sie der Mensch-
heit dadurch im Lande leisten, so ist der Anblick derselben ein höchst widerwärtiger, welches abschreckende
Bild noch greller wird, wenn sich dieselben auf der
Erde oder den Dächern der Häuser fortbewegen, wobei
man ihren hüpfenden, einseitigen Gang und ihren langen,
nackten Hals und Kopf erst bemerkt. Wie oben erwähnt,
waren es nun solche Aasgeier, welche dem ehrenhaften
Helden das Vergnügen eines unerwünschten Rencontre
machten.

Eben schritt der Tambour major unten vorüber und warf seine Canne mit meisterhaftem Geschick (so hoch und mit Berechnung,) daß sie fast die Nase des Marschalls traf, welcher entsetzt zurückwich, worauf die Spielleute den Defilirungsmarsch spielten. Diese höchst komische Situation konnte aber unmöglich lange den in ausgelassenster Stimmung befindlichen Truppen auf der Straße unauffällig bleiben, besonders war dies von den Pariser Kindern nicht zu erwarten, die mit ungewöhnlichem Scharfblick und Chic den Causalnexus zwischen den beiden Dingen erfaßten. Und ehe wir es uns gewahr wurden, brach auch die ganze, Zeuge dieser Szene seiende Truppe in ein infernalisches Lachen aus; selbst die in Reih und Glied marschirenden Zou-Zou konnten ihr Lachen nicht bändigen; im Gegentheile, irgend ein Witzkopf schrie: Ouh la la, v'la les pilotes qui attaquent la charogne!, in welchen Ausruf der ganze Chor mit frenetischem Geheule einstimmte. Wie von einer Tarantel gestochen, zog sich Bazaine zurück. So war der Held von Metz bei seiner Armee bekannt und beliebt. Diese Episode charakterisirt aber auch treffender als alles Andere die Disciplin und den Geist, welcher in dieser Truppe herrschte.

Die Truppe hielt hier einige Tage Rast; dieses Zutreffen war unserer Weiterreise günstig, denn am nächsten Morgen rollten wir schon wieder auf der Straße nach Corboba weiter und waren herzlich froh, aus dem wüsten Treiben in Orizaba herausgekommen zu sein.

Mußten wir von Puebla bis Orizaba tagelang immer ein und dasselbe schmuck- und reizlose Bild einer Steppenlandschaft vor Augen haben, so reihte sich jetzt im Gegentheile ein schönes und wildromantisches Landschaftsbild an das andere, besonders imponirend aber war der Uebergang über den Rio San Michele, dessen Ufer eine echt tropische Vegetation, gekennzeichnet durch

Lianen und Schlinggewächse, zierte. Jene feuchte Moder-
luft, welche aus dem Urwalde stets herausweht, sie
verrieth uns auch hier die Natur und das Alter des
Waltes. Kaum aus der Schlucht des Flusses heraus
und auf der jenseitigen Höhe angelangt, trat der von
der Sonne mit einem Goldregen überschüttete Pic von
Orizaba aus seinem Verstecke und zeigte sich nun in
seiner ganzen Herrlichkeit und Majestät. Von dieser
Seite ist auch seine Ansicht die schönste und lohnendste.

Ohne Zwischenfall erreichten wir Corboba, ein
Städtchen, das in der Geschichte von Mejico eine große
Rolle spielte und gegenwärtig auch von einigen Deut-
schen bewohnt wird, welche durch Fleiß und Ausbauer
emporgekommen und als geschickte Handwerker in weitem
Umkreise bekannt waren.

Nach langer Zeit war es mir wieder gegönnt,
jene Mannigfaltigkeit und unsägliche Schönheit der
Vegetation anzutreffen, welche mich in Westindien entzückte. Der Markt bot alle Arten tropischer Früchte
in bunter Menge, bei welcher Gelegenheit wir es nicht
versäumten, uns für die beinahe wasserlose Strecke von
Paso del Macho bis Veracruz vorzusehen. Die Umgegend Corbobas ist reizend schön, Kaffee-, Zucker- und
Vanillepflanzungen reihen sich aneinander, wie eine Perle
an die andere. Albions rührige und praktische Söhne
haben sich hier niedergelassen und verwerthen einen
kleinen Theil jener unerschöpflichen Fruchtbarkeit, welche
der Boden besitzt, und beleben die Gegend mit zahlreichen fleißigen Arbeitern aus ihrer Heimat. Soll
das Land, dessen Naturschätze einzig in ihrer Art und
unerschöpflich sind, wieder zur Blüthe kommen, so kann
dies nur durch die Einwanderung von Völkern und
Elementen geschehen, welche Gesetze und Recht achten
und aufrechthalten, welche nur die Arbeit als Erwerbs-
quelle anerkennen und nicht wie in der Gegenwart den
Raub und Diebstahl als ordnungsmäßig sanctioniren.

Zu welchen, Menschen unwürdigen, schändenden Repressalien in dem durch die französische Invasion herbeigeführten Kriege die beiden Parteien griffen, hatten wir Gelegenheit zu sehen, als wir Cordoba im Rücken hatten und nun eine geraume Strecke durch schönen, lichten Wald fuhren. Eine Legion kahlköpfiger Pilotes, welche in einer Entfernung von einigen hundert Schritten vor uns die Straße und den Rand des Waldes belagerten, bereitete uns auf ein gräuliches Schauspiel vor. Wir waren endlich auf der Schreckensstätte; am rechten Waldessaume an den großen Mangolieästen hingen auf einer Strecke von mehreren Schritten fünfzehn französische Soldaten und mehrere kaiserliche mejicanische Gensdarmen an den Füßen daran festgebunden; ihre Augen fehlten ihnen, sie waren ausgestochen. Ohne sich im Mindesten beirren zu lassen, waren die Pilotes mit dem Fraße ihrer Opfer beschäftigt. Solche Anblicke empörten uns auf der Strecke von Matamoras nach Monterey sehr oft, nur waren es dort meist Mejicaner, und unter diesen sehr viele Priester und Mönche, welche mit dem Kreuze in der Hand, das sie ihren Leuten im Kampfe gegen die fremden Eroberer voranhielten, nunmehr als Opfer barbarischer Grausamkeit zwischen Himmel und Erde hingen.

Kaum dieser Unglücksstätte entrückt, erwartete uns ein neuer entsetzlicher Anblick, der uns das Blut zum Kopfe jagte; eine Reihe von den landesüblichen Fuhrwerken lag zertrümmert in der bodenlosen Straße, die Deichselstangen in die Luft ragend, an welchen die ermordeten und beraubten Fuhrleute sammt ihren Frauen aufgeknüpft waren, während sämmtliche Maulthiere, welche zur Bespannung gedient hatten, schon von den Pilotes zur Unkenntlichkeit zerrissen waren. Die That mochte kaum vor einer Woche geschehen sein, von einer Bestattung der Leichen war hier keine Rede, das besorgen die besagten Thiere. Eine Zentnerlast fiel uns

Allen vom Herzen, als wir aus dem Bereiche dieser Gräuelthaten waren, in welchem überdies eine verpestete Luft den Athem vergiftete und selbst den Abgehärtetsten in Ohnmacht setzen konnte.

Mit rührender Sorgfalt und damit der Reisende, dem es gelungen, sich bisher mit heiler Haut durchzuschlagen, nicht ohne jede süße Erinnerung an die Herrlichkeiten des Landes von hinnen ziehe, ist bestens durch die Straße von Chiquite nach Paso del Macho gesorgt. In Chiquite wurde unserer Diligence die dreifache Anzahl von Maulthieren vorgespannt, denn es galt einen Hohlweg und Bergrücken zu passiren, der die schlimmste Klemme auf der ganzen Strecke von Veracruz bis Mejico bildet.

Wir empfahlen unsere Seele und noch mehr unseren Körper allen gütigen unsichtbaren und sichtbaren Mächten, und ich konnte mich nicht des Gedankens erwehren, daß sich mir die beste Gelegenheit darbieten würde, praktische Untersuchungen über die Lehre vom Stoße zweier unelastischer Körper anzustellen, als wir, durch den Cochero beschwichtigt, der uns mit mitleidiger Miene versicherte, es wäre die Fahrt denn doch nicht so arg und er könne uns feierlich garantiren, noch lebend in Paso del Macho anzukommen, die Weiterfahrt antraten.

Wenn Jupiter seinerzeit diese Gegend gekannt hätte, er wäre bestimmt nie in Verlegenheit gewesen, seine emeutesüchtigen Vice- und Untergötter zu bestrafen, denn was waren alle Tantalusqualen, was alle Sisyphusplagen gegen diese Folter. Es bedurfte meines größten Stoicismus, den ich selbst den Comantschen gegenüber nicht entwickelt hatte und kannte, um hier nicht verzweifelt zu sein.

Mein ganzer Vorrath an Phlegma und unverwüstlichem Gleichmuth war dahin, meine Reisegefährten gaben beinahe kein Lebenszeichen mehr von sich, die

9

Betäubung hatte ihre wohlthuenden Fittiche über sie ausgebreitet, nur einer von ihnen kam bei den einzelnen erdbebenartigen Erschütterungen und Stößen zur Besinnung und rief dann jedesmal: „Garde a vos reins" und fürwahr, es hatte seine helle Noth damit. Kaum war das Hinterrad aus einem der metertiefen Abgründe, mit welchen die Straße bedeckt war, durch die verzweifelten Anstrengungen der schier zusammenbrechenden Thiere herausgeförbert, so nahm das eine Vorderrad seinen Weg über einen mehr als fußhohen Steinblock, während beinahe zu gleicher Zeit das diesem diametral entgegengesetzte Hinterrad wieder in eine unergründliche Tiefe versank; ein mit Stentorstimme hervorgebrachtes Alerte! Cargo derecho! oder Cargo izquierda! des Kutschers, dessen Geistesgegenwart und Virtuosität über alles Lob erhaben ist, obwohl sein malitiöses Lachen, welches seinen Mund bei dem Anblicke unserer elenden Lage umspielt, von wenig Nächstenliebe und Theilnahme spricht, rüttelt alle Insassen des Vehikels instinctmäßig auf und rettet uns, indem wir der stricten Weisung des hier in diesem Falle unumschränkt und unfehlbar gebietenden Cochero Folge leisten, vor dem gräulichsten Umsturze. Ein ersticktes Wehgeschrei und verbissene Wuthausbrüche erfüllen die Luft, denn bei diesen fortgesetzten, mehr als zwei Stunden währenden Equilibrirkünsten unseres Vehikels, ist unser ganzer Körper, insbesondere Hände und Gesicht, mit blauen und grünen, ebenen und plastischen Eindrücken, die wir uns auf die unschuldigste Art der Welt einander selbst beigebracht haben, bedeckt.

In solchem jämmerlichen Zustande, der das Herz des größten Misanthropen erweichen mußte, erreichten wir mehr todt als lebend Paso del Macho, doch nicht um Ruhe und die unumgänglich nothwendige Heilung unserer Leiden und Schmerzen zu finden, sondern nur um des nächsten Tages dieselbe Tortur in veränderter und womöglich verbesserter Ausgabe zu erleben, denn noch trennen uns 25 Leguas vom Meere und diese Strecke muß mit der Bahn zurückgelegt werden.

Um das Maß der Leiden voll zu machen, zeigte sich nun auch die Natur in ihrem Zorne und Jupiter Fluvius öffnete die Schleusen des Himmels. Vergeblich flüchteten wir in die mit Lehm und Holz gedeckten Baracken, welche den pompösen Namen Hôtel führen; der unaufhörlich niederstürzende Regen durchnäßte uns bis auf die Haut, dabei war die Situation eine für furchtsame Gemüther verzweiflungsvolle. Nachtgleiche Dunkelheit lagerte über der Erde, anfangs fielen die Tropfen thalergroß, grelle, feurige Blitze durchzuckten die Atmosphäre, während der Donner im Gebirge ohne Unterbrechung wiederhallte. Das Schauspiel wurde immer großartiger, die Blitze fuhren nahe vor uns in die Erde und schienen alles zu belecken, denn die Häuser hatten durchwegs den Anschein, als würden sie leuchten, ja selbst aus den sich flüchtenden Thieren strömten feurige Dünste aus. In einer Stunde waren die Straßen der improvisirten Stadt in eine unergründliche Pfütze umgewandelt, über welche, um zum Bahnhofe zu gelangen, man füglich im Nachen hätte setzen müssen.

Mit unaussprechlicher Sehnsucht warteten wir auf das Grauen des kommenden Tages, die Schauer dieser finstern Nacht, vor welcher selbst die Cottoyes und Schakale Schutz im Orte suchten, so daß man beim Heraustreten aus dem Hause und dem fahlen Schein der Laternen ganze Rudel dieser Prairieräuber unter einem Schoppen zusammengekauert fand. Ihr ohrenzerreißendes Geheul erfüllte die Lüfte. Endlich hob sich der bleierne Schleier und schüchtern wagte die Sonne den Versuch, uns Arme zu trocknen und die Wege zu ebnen. Ersteres war ihr gelungen, doch nimmermehr die zweite Arbeit; sie mußte die vergeblichen Anstrengungen ein-

9*

gefehen haben, denn bald verfchwand fie im Gewölfe. Der Train fetzte fich in Bewegung; wir gingen dem ungewiffen Tode entgegen, denn bei dem unbefchreib= lichen Zuftande diefer Bahn, die überdies durch den letzten Regen devaftirend bearbeitet war, that ein Jeder gut, mit dem Leben abzurechnen und fich auf eine Fahrt ins Jenfeits vorzubereiten. Obwohl anfangs die Schnelligfeit eine fehr mäßige war, fo verfpürten wir dennoch fchon die Einflüffe der zahllofen Unebenheiten der Schienenftränge in den undulatorifchen Schwankungen, worin der Oberkörper verfetzt wurde, welche bei zu= nehmender Gefchwindigfeit des Zuges in rapide Pendel= fchwingungen ausarteten, wobei man noch von Glück reden fonnte, nicht jedesmal wie von unfichtbarer Hand an die Waggonwand gefchleudert zu werden, fondern unermüdliche Ausdauer im Gebrauche feiner Hände als Stoßballen beweifen fonnte. Die Schwankungen wurden immer unerträglicher, der Train fchien wie ein Schiff zur See zu ftampfen und zu rollen, und es nahm mich Wunder, daß nicht einige meiner Reifegefährten in einen analogen Zuftand, wie die Seekrankheit es ift, ver= fielen.

Wir kamen zur Brücke über den Rio Solidad, welche nur zur Noth aus Holz conftruirt war, da die Chinacos die eiferne zerftört hatten; ein Piquet fchwar= zer Egyptier, welche der Khedive feinem Freunde an der Seine zum Gefchenfe gemacht hatte, hielt hier Wacht, wie denn auch ftets jeder Train eine Escorte von diefen fchwarzen Kriegern aus Nubien mit fich führte.

Ein eigenthümliches Geräufch, wie von einftür= zenden Gerüften herrührend, drang unter uns herauf, als wir die Brücke paffirten, von deren Höhe wir in die Fluthen des Rio Solidad blickten, worin fich eine Schaar jener gemüthlichen Gefellen tummelte, welche fchon am Rio Nueces in mir liebliche Gedanken feimen ließ. Ein nichts weniger als tröftlicher Gedanke durch=

zuckte unser Gehirn, die Gesichter wurden kreideweiß, wir erwarteten jeden Augenblick den Zusammensturz der Brücke.

Wie neugeboren athmeten wir daher auf, in mehreren Augen perlte eine stumme Dankesthräne, als wir die Brücke hinter uns hatten. Mit sausender Eile ging es nun wieder vorwärts, wir glitten förmlich dahin, denn die Bahn besitzt auf ihrer Länge von 20 Leguas ein Gefälle von 450 Meter. Ich hatte in Uncle Sams Territorium die Ohiobahn ihrer ganzen Länge nach befahren und kannte bereits die Art der Angloamerikaner, ihren unbändigen Leichtsinn und Waghalsigkeit, mit welcher sie das Leben auf das Spiel setzen, wenn Geld und Zeit zu gewinnen sind, aber hier schienen sich die Maschinenführer verschworen zu haben, uns direct mit kürzestem Aufenthalte ins Jenseits zu spediren; Lützows verwegene Jagd konnte nicht schneller durch die Lüfte sausen.

Hinter dem Orte und zugleich Bahnstation Solidad gleicht die Gegend rechts und links des Bahndammes in vielen Hinsichten den Niederungen am Rio grande del Norte; so weit das Auge blickt, eine von dürrem Grase, großen Massen von Gerölle und spärlicher Baumvegetation bedeckte Ebene. Ein mit einem Eisengitter umgebener Grabhügel in der Nähe der Station Cameron fällt uns auf, er deckt die sterblichen Reste einer Schaar Tapferer, welche wie die Söhne Spartas an den Thermopylen, auch hier 24 Stunden lang einer dreißigfachen Uebermacht einen heroischen und unbesiegbaren Widerstand leisteten, wobei von der kleinen Schaar mit Ausnahme einiger Schwerverwundeter keiner die Wahlstatt lebend verließ. Diese Episode, einer der hellsten Punkte in dem Feldzuge von Mejico, sie gereicht auch Deutschland zur Ehre, denn mehrere seiner Landeskinder befanden sich bei dieser Heldenschaar. War es ein Wunder oder schienen wir zur Unsterblichkeit designirt

zu sein, wir hielten schließlich im Bahnhofe von Veracruz an, besaßen alle Glieder und lebten überhaupt noch.
Welches Entzücken durchwogte meine Brust, als
ich den Lärm der an die Gemäuer der Wälle anbon-
nernden Brandung vernahm, in diesem Momente schien
es mir die lieblichste Musik, denn die Qualen fanden
ihr Ende; stieß mir nicht noch hier irgend ein Caballero ein Messer in die Brust, um mein Erbe anzutreten, so konnte ich frohlocken, mit heiler Haut davongekommen zu sein.
Ich gab mich der Hoffnung hin, bald, vielleicht
schon in den nächsten Tagen, den Boden dieses zwar
schönen, aber nichts weniger als gastlichen Landes mit
dem schwankenden Schiffsverdecke vertauschen und damit
nach Osten zur alten aber gastlichen Welt der Heimat
steuern zu können. Doch mehrere Tage verstrichen, ohne
den leisesten Schimmer einer Realisirung meines Wunsches. Das Gewirre und Getümmel der sich nach Frankreich wieder einschiffenden Reste des französischen Oc-
cupationsheeres war nur geeignet, mir die Stadt überdies unleidlich zu machen; doch eben diesem zufälligen
Zusammentreffen war es zuzuschreiben, daß es unmöglich
war, auf dem Dampfer der transatlantischen Compagnie
einen Platz zu erhaschen.
Endlich lichtete sich der Horizont. Bazaine, der
moralische Henker des unglücklichen Kaisers, hatte mit
seinen Knechten den Schauplatz seiner ruhmvollen Heldenthaten verlassen, um einige Jahre später dieselbe Rolle
zum Unglücke seines eigenen Vaterlandes zu spielen;
Besseres war nicht zu erwarten, die Scene in Orizaba
steht in einem unzweideutigen Causalnexus mit seinem
Charakter.
Carracho, cambrone francese, so lauteten aller-
seits die Schmeicheleien, welche ihm nachgesendet wurden. Auf alten Gesichtern las man die hellste Freude
ob des Abzuges der verhaßten Fremdlinge. In der

Calle de Parrocchia und auf der Plaza de l'Alcalde promenirten die durch ihre Schönheit bekannten Frauen und Mädchen von Veracruz, auf dem Molo hatten sich Patrioten versammelt, welche den die Anker lichtenden französischen Kriegsschiffen nachsahen.

Bald schlug auch für mich die Stunde des Scheidens; sie versetzte mich keineswegs in die damit verbundenen wehmüthigen Gefühle, sondern im Gegentheile, ich begrüßte mit herzlicher Freude die schmucke Barke, welche mich über den Ocean bringen sollte. Ein stürmischer Nordwestwind machte mir das Einschiffen beinahe unmöglich; dennoch zögerte ich nicht und stand bald am Verdecke der „Bonne Esperance". Die Sonne näherte sich dem Zenithe und warf ihre glühenden Strahlen auf die Molo's der Stadt, als der Lootse eintraf um die Barke sicher aus der klippenreichen Rhede herauszubugsiren.

Wir konnten alles Tuch entfalten und flogen einer Möve gleich hinaus in die unermeßliche See. Bald war die Küste unseren Augen entschwunden, nur das weiße Haupt des Citlaltepetl ragte noch majestätisch über dem Horizonte heraus, von den Strahlen der scheidenden Sonne in einen einzigen funkelnden Edelstein verwandelt; einem riesigen Leuchtthurme gleich, spendete er uns sein Licht; mir war er wie eine Warnungstafel vorgekommen, die Götter nicht freventlich zu versuchen. Endlich versank auch diese in den Fluthen. Auf Nimmerwiedersehen glitt mir unwillkürlich über die Lippen.

Inhalt.

	Seite
Reisebilder aus der algerischen Sahara	1
Drei Monate unter den Ufab Sibi Scheich	32
Erinnerungen an Westindien	51
Erinnerungen an Tejas	69
Von Mejico nach Beracruz	88